全民数字素养提升100问

中共重庆市委网信办
西南政法大学 / 编

主　编　郑志峰
副主编　张伟莉
　　　　王　茵

图书在版编目（CIP）数据

全民数字素养提升100问 / 中共重庆市委网信办，西南政法大学编. -- 重庆 : 重庆出版社, 2024.4
ISBN 978-7-229-18574-9

Ⅰ.①全… Ⅱ.①中… ②西… Ⅲ.①信息技术—公民教育—研究—中国 Ⅳ.①G202

中国国家版本馆CIP数据核字(2024)第076028号

全民数字素养提升100问
QUANMIN SHUZI SUYANG TISHENG 100 WEN
中共重庆市委网信办 西南政法大学 编

责任编辑：徐 飞 谭翔鹏
责任校对：何建云
装帧设计：鹤鸟设计

重庆出版集团 出版
重庆出版社

重庆市南岸区南滨路162号1幢 邮编：400061 http://www.cqph.com
重庆出版社艺术设计有限公司制版
重庆天旭印务有限责任公司印刷
重庆出版集团图书发行有限公司发行
E-MAIL:fxchu@cqph.com 邮购电话：023-61520678
全国新华书店经销

开本：787mm×1092mm 1/16 印张：20.25 字数：238千
2024年4月第1版 2024年4月第1次印刷
ISBN 978-7-229-18574-9
定价：68.00元

如有印装质量问题，请向本集团图书发行有限公司调换：023-61520678

版权所有 侵权必究

前言

习近平总书记指出:"要提高全民全社会数字素养和技能,夯实我国数字经济发展社会基础。"当前,各种数字技术日新月异,数字应用层出不穷,只有不断提升全民数字素养,才能更好地适应数字社会发展,助力网络强国建设。

为深入贯彻落实习近平总书记关于网络强国的重要思想,实施全民数字素养与技能提升行动,2021年11月,中央网络安全和信息化委员会印发《提升全民数字素养与技能行动纲要》(以下简称《行动纲要》),指出"提升全民数字素养与技能,是顺应数字时代要求,提升国民素质、促进人的全面发展的战略任务,是实现从网络大国迈向网络强国的必由之路,也是弥合数字鸿沟、促进共同富裕的关键举措"。

为积极响应《行动纲要》的号召,中共重庆市委网信办与西南政法大学共同组织编写了《全民数字素养提升100问》。全书共七编100问,其中,数字消费编13问,数字出行编14问,数字家庭编14问,数字学习编14问,数字工作编14问,数字生产编15问,数字安全编16问。每一问都以生动典型的数字故事作引入,以通俗易懂的技术科普作讲解,以见微知著的素养提升作延展,配上鲜活有趣的插图,力争为读者献上一本有趣味、读得懂、学得好的全民数字素养提升科普读物。

编　者

2024年3月

目 录

前言　001

第一编　数字消费

1. 遇到"大数据杀熟"怎么办？　002
2. "砍一刀"构成欺诈吗？　005
3. 网络贷款有哪些风险？　008
4. 未成年人网络打赏能追回吗？　011
5. 游戏账号可以随意买卖吗？　014
6. 如何让手机成为"试衣间"？　017
7. 数字人民币是货币吗？　020
8. 什么是比特币？　023
9. 数字藏品有什么价值？　026
10. 智能合约有什么用？　029
11. 智能家居有多智能？　032
12. 智慧门禁安全吗？　035
13. 电子签名该怎么用？　038

第二编　数字出行

14. 什么是自动驾驶汽车? 042

15. 自动驾驶时代还需要考驾照吗? 045

16. 乘坐自动驾驶出租车是什么体验? 048

17. 自动驾驶汽车撞人了谁负责? 051

18. 自动驾驶汽车遇到危险应该优先保护谁? 054

19. 自动驾驶汽车遇到黑客攻击怎么办? 057

20. 智能公交如何"智能"? 060

21. 高精地图有多"精"? 063

22. 认识路也需要开导航吗? 066

23. 智能红绿灯如何缓解交通拥堵? 069

24. 网约车发生事故,平台需要承担责任吗? 072

25. "一键叫车"如何方便老年人出行? 075

26. 开车途中屏幕突然"弹窗"怎么办? 078

27. NFC卡有什么用? 081

第三编　数字家庭

28. "青少年模式"如何保护你的孩子？　　086

29. 未成年人可以当网络主播吗？　　089

30. 如何利用数字科技育儿？　　092

31. 在元宇宙中结婚是什么体验？　　095

32. 爱上虚拟主播算出轨吗？　　098

33. 夫妻离婚，自媒体账号该归谁？　　101

34. 在家如何进行"数字运动"？　　104

35. 你家的网络升级到IPv6了吗？　　107

36. 数字技术如何帮你养宠物？　　110

37. 数字技术能够为养老做什么？　　113

38. 如何帮助长辈开启"关怀模式"？　　116

39. 如何订立一份数字遗嘱？　　119

40. 什么是数字祭奠？　　122

41. 你能接受AI"复活"已故亲人吗？　　125

第四编　数字学习

42. 生成式人工智能帮忙写论文算抄袭吗？　　130

43. 如何巧用时间规划类APP？　　133

44. 智能学习机靠谱吗？　　136

45. 如何上好网课？　　139

46. 如何在"慕课"里上大学？　　142

47. "智慧校园"会泄露你的信息吗？　　145

48. 什么是大数据教学？　　148

49. 你听说过"VR实验室"吗？　　151

50. 数字课堂有哪些"黑科技"？　　154

51. 数字图书馆里有书吗？　　157

52. 什么是学分银行？　　160

53. 如何判断搜索结果的真假？　　163

54. 女性如何避免算法歧视？　　166

55. 老年人如何走出"数字失能"？　　169

第五编　数字工作

56. AI可以当面试官吗？　　　　　　　　　　174

57. 什么是AI歌手？　　　　　　　　　　　　177

58. 下班后可以不回复老板微信吗？　　　　　180

59. 机器人能够当法官吗？　　　　　　　　　183

60. 机器人可以帮我们打官司吗？　　　　　　186

61. 员工可以对智能监控说"不"吗？　　　　　189

62. 元宇宙办公能实现吗？　　　　　　　　　192

63. 外卖骑手被算法"操控"怎么办？　　　　　195

64. 网络主播与直播平台是什么关系？　　　　198

65. "网红教师"竟然是数字人？　　　　　　　201

66. 数字技术如何为盲人打开一扇天窗？　　　204

67. 机器人做手术靠谱吗？　　　　　　　　　207

68. 机器人能当公务员吗？　　　　　　　　　210

69. 机器人会造成大规模失业吗？　　　　　　213

第六编　数字生产

70. 什么是大数据营销？　　218

71. 谁享有数据权利？　　221

72. 什么是数字税？　　224

73. 二维码如何改变世界？　　227

74. OA系统如何帮我们节省人工成本？　　230

75. 物联网是张什么样的网？　　233

76. 黑灯工厂真的不用开灯吗？　　236

77. 3D打印可以用来盖房子吗？　　239

78. 什么是数字孪生？　　242

79. 区块链究竟是什么链？　　245

80. 云计算有什么用？　　248

81. 数字技术如何让种田更科学？　　251

82. 数字技术如何助力绿色发展？　　254

83. 企业哪些数据可以跨境流动？　　257

84. 生成式人工智能可以帮企业干什么？　　260

第七编　数字安全

85. 刷脸时代，如何保护我们的脸？　　　264
86. 个性化推荐可以关闭吗？　　　267
87. 朋友圈晒娃也有风险？　　　270
88. 微信群主该怎么当？　　　273
89. 遇到网络暴力怎么办？　　　276
90. 通讯录好友属于隐私吗？　　　279
91. 翻墙上网合法吗？　　　282
92. 浏览不良网站有哪些风险？　　　285
93. 频繁接到骚扰电话怎么办？　　　288
94. 如何识破电信网络诈骗？　　　291
95. 什么是被遗忘权？　　　294
96. 有必要安装杀毒软件吗？　　　297
97. 免费Wi-Fi能放心连吗？　　　300
98. 网盘怎么用才安全？　　　303
99. 元宇宙中受到性骚扰怎么办？　　　306
100. 无人机拍摄有禁区吗？　　　309

后记　312

第一编

数字消费

1 遇到"大数据杀熟"怎么办？

数字故事

胡女士是某出行APP的钻石贵宾用户，在消费时可以享受8.5折的价格优惠。2020年7月，胡女士使用该APP预订了舟山一家酒店的豪华湖景大床房，共支付费用2889元。然而，在胡女士退房离开酒店时，偶然发现该酒店的豪华湖景大床房的挂牌价仅为1377.63元。所谓的钻石VIP并没有使房价更便宜，反而还让胡女士多支付了超出一倍的房价。对此，胡女士以"大数据杀熟"等为由，将APP运营方告上法庭。最终，法院认为APP中的虚假标价属于欺诈，判决APP运营方赔偿胡女士订房差价的三倍金额。本案作为国内"大数据杀熟"第一案，对于保护消费者的合法权益具有重要意义。如果我们在实际生活中遇到"大数据杀熟"，该如何维护自己的权益呢？

技术科普

"大数据杀熟"是指商家通过收集和分析用户的数据，对老用户与新用户进行区别对待，导致同样的商品或者服务，呈现给老用户的价格比新用户的要高。"大数据杀熟"的过程通常包括以下三个阶段。

第一阶段，收集用户数据。平台或者商家为了销售商品或者服务，会不遗余力地吸引新用户注册和使用其APP，以便收集用户的各种数据，从而更好地了解用户的消费偏好和购买能力。

第二阶段，对用户进行"画像"。平台或者商家对所收集到的用户数据进行分析后，会根据不同的标准给用户打上对应的标签。例如，部分用户只浏览高端商品和服务的店铺信息，很少货比三家，支付时间快，下单次数多，就可能会被打上"高消费能力"的标签。

第三阶段，区别定价。通过精准分析用户"画像"，平台或者商家会对不同的用户采取不同的定价策略。对于那些消费水平高、消费次数多、对价格不敏感的老用户，平台或者商家通常会制定更高的价格。

素养提升

2022年9月9日，北京市消费者协会针对互联网消费"大数据杀熟"问题的调查结果显示，七成多的受访者认为"大数据杀熟"现象非常普遍，六成多的受访者表示有过被大数据"杀熟"的经历。其中，网络购物、旅游出行和外卖消费是最容易遭受"大数据杀熟"的场景。

面对"大数据杀熟"，消费者需要注意以下几点：首先，要增强数据安全意识，谨慎提供重要个人信息。其次，尽量货比三家，积极了解不同平台、不同商家的商品或者服务的价格。如果条件允许，还可以到线下实体店当面了解，避免遭受欺诈。最后，如果被大数据"杀熟"了，应当及时保留证据，可以选择向当地消费者协会投诉、向法院起诉等方式，维护自身合法权益。与此同时，平台和商家应当自觉践行"诚信经营"的商业道德，遵守《中华人民共和国民法典》[①]《中华人民共和国个人信息保护法》[②]《中华人民共和国消费者权益保护法》[③]《中华人民共和国电子商务法》[④]等法律法规，在处理消费者的个人信息时恪守合法、正当、必要的原则，拒绝实施"大数据杀熟"行为。

---

① 下称《民法典》。
② 下称《个人信息保护法》。
③ 下称《消费者权益保护法》。
④ 下称《电子商务法》。

2 "砍一刀"构成欺诈吗？

数字故事

2022年3月17日，来自湖南长沙的网络游戏主播"超级小桀"，参与了某购物平台的砍价免费领手机活动，号召直播间6万多名粉丝帮忙"砍一刀"，结果耗时两个小时都没能砍价成功，价格甚至一度被"砍"到小数点后6位。主播和观众的耐心被一点点磨去，于是该主播向购物平台客服打电话询问，客服给出的解释是，因砍价的人数太多，账号被判定为机器人刷单行为，所以砍价无效，还说"砍一刀"活动并不是每个人都能成功的。对于此事，许多网友纷纷表示不满，直言"砍一刀"活动套路多，相关话题也登上了微博热搜。那么，诸如"砍一刀"这样的营销方式构成欺诈吗？

技术科普

"砍一刀"活动有着许多营销策略,比如"好礼免费领""天天领红包""免费领加速包""好友助力"等等。所谓的"砍一刀",是平台和商家为吸引新用户而设计的一种营销活动。简单来说,就是通过砍价、助力等方式,吸引用户不断分享活动界面来邀请好友参与活动,从而增加平台流量和曝光度。如果"砍一刀"按照约定兑现降价承诺,倒是利好消费者和平台的双赢好事。问题就在于,现实生活中许多所谓的"砍一刀"活动,商家根本就不积极兑现承诺的优惠。

实践中,为了提高用户参与积极性,平台往往会主动帮用户先"砍掉"较大的金额,提高用户邀请好友砍价的动力。然后,当用户成功邀请好友参与砍价后,平台会提示继续分享,直至邀请的好友到达一定数量后,平台又会发布新的任务,如分享至群聊、观看广告等等。此外,在砍价的金额上也有不少猫腻。当用户还差1分钱砍价成功时,这1分钱又分成了10个1厘钱。无穷无尽,没完没了。简单来说,这类营销活动就像是在哄骗用户参加一场没有尽头的马拉松比赛,本质上是让用户不断邀请身边的好友去下载并使用平台APP。

素养提升

从法律角度来看,"砍一刀"等营销手段本身没有问题,但如果平台和商家违背诚信原则,在"砍一刀"活动中恶意设置规则,比如夸大砍价力度、隐瞒成功概率等,进而诱导消费者参与活动,就可能构成欺诈。事实上,《电子商务法》《消费者权益保护法》《网络交易监督管理办法》等法律法规都明确规定,平台和商家应当全面、真实、准确、及时地披露商品或者服务信息,保障消费者的知情权和选择权,不得作虚假或者引人误解的商业宣传,以此欺诈、误导消费者。

对于消费者而言,首先要理性看待"砍一刀"等营销活动,时刻牢记"天上不会掉馅饼""羊毛出在羊身上"这些基本的生活道理,不要因为贪图小利,而掉进了平台和商家的营销圈套。同时,消费者还需要提高维权意识,一旦发现"砍一刀"等营销活动存在猫腻,可以通过向消费者协会投诉、向法院起诉等方式来维护自身合法权益。对于平台和商家来说,应当主动遵守法律法规,做到诚信经营、守法经营。

3 网络贷款有哪些风险？

数字故事

2019年4月，南京一名大学生小许给父亲发去短信，说自己欠了大约9万元的"校园贷"，实在是还不上了，希望家里能帮帮忙。许父将钱打给了小许，以为事情可以就此结束，可万万没想到，悲剧还是发生了。2019年8月31日，刚刚毕业两个月的小许选择从高楼一跃而下，原本年轻灿烂的生命就此陨落，同时也摔碎了小许一家人的心。更让人气愤的是，在小许去世后没有多久，小许的爷爷奶奶就相继接到了催促还款的电话。实践中，类似的案件时有发生，有不少像小许这样的年轻生命因此凋零。那么，网络贷款安全吗？有哪些风险？

技术科普

网络贷款也存在合法和非法之分，我们需要警惕和抵制的是非法网贷。正规网贷都具备相关资质并依法进行了备案，而非法网贷一般存在无经营牌照、借贷合同不规范、利率高昂、暴力催收等问题，进而衍生为"高利贷""套路贷""校园贷""砍头息"等形式。非法网贷通常以"大额度、低利息、对征信没有要求"为诱饵，利用短信、网页广告或者电话推销等方式，吸引有贷款需求的受害人。为了增加吸引力，非法网贷的放款流程通常很简单，往往不会审查用户征信，也不需要提供财产抵押，用户只需要填写个人信息，便可以拿到贷款。然而，随着贷款次数的增多，平台会逐渐设置一些不合理的要求，比如添加用户父母或者朋友的个人信息等。

此外，非法网贷平台还会故意到期不催收还款，坐等用户贷款逾期，直至本金和利息累积到较大金额后才开始催收。当受害人无力偿还时，非法网贷平台就会不择手段地进行催收，比如电话骚扰、上门闹事、暴力威胁、死亡恐吓等，甚至要求受害人提供裸体照片或者私密视频，更有甚者对受害人提出进行性剥削，即所谓的"肉偿"。

素养提升

"套路贷""校园贷"等臭名昭著的非法网贷，将许多人特别是年轻人拖入了无尽的深渊，无数家庭因此而破裂。为了打击非法网贷，规范金融业，我国从2016年开始，对网络贷款行业开展了强力的专项整治工作，所有网贷平台都需要进行备案，接受国家监管。截至2022年5月，近5000家P2P网贷机构已经全部停业，约2.5万起非法集资案件被立案查处。此后，非法网贷的现象虽得到了有效的遏制，但我们仍然要警惕其改头换面，死灰复燃。

有贷款需求的金融消费者一定要提高辨别能力，学会分辨正规网贷与非法网贷。根据相关法律的规定，正规的网贷平台需要满足三点要求。一是工商登记的企业经营范围包含网络借贷服务项目；二是在地方金融监管部门有备案记录；三是具备电信经营许可证，如蚂蚁借呗、京东金条等。此外，金融消费者应当合理规划资金用途，树立正确的消费观念，尤其是在校学生等年轻群体，不要为了满足一时的虚荣心和购买欲而去非法网贷平台贷款，拒绝冲动消费和超出经济能力范围的提前消费。

4 未成年人网络打赏能追回吗？

数字故事

刘先生和妻子吕女士从事服装生意。在年初运货的时候，刘先生不幸发生了车祸，家里生意的重担也就落在了妻子身上。刚读初中的儿子小刘很懂事，时常利用课外时间帮母亲吕女士打理生意，运货、催单等工作处理得井井有条。可几个月下来，吕女士发现了不对劲，明明客源稳定、资金周转通畅，为什么收入不增反降呢？经过询问，小刘承认自己在拿父亲的手机看直播时，打赏了一位游戏主播。随后，吕女士要求网络公司全额返还将近20万元的打赏款。网络公司反驳道，打赏账号的实名认证信息是成年人，不能确定小刘是实际打赏人，而且打赏款项已经与主播分成了，因此拒绝了吕女士的要求。那么，对于未成年人网络打赏，能够要求返还打赏金额吗？

> 技术科普

打赏网络主播、网络游戏充值是未成年人冲动消费的"重灾区"。对于网络主播而言，博得观众欢喜，获得关注流量并吸引观众打赏是最主要的盈利方式。对于玩家而言，通过游戏充值购买珍贵的道具或者打赏网络主播并邀请其一起组队打游戏，可以大幅提升游戏体验。由于未成年人的心智和消费观念不够成熟，加上微信、支付宝、网银等便捷支付方式的普及，使得未成年人更加容易进行不理智的高额消费。

为了治理未成年人游戏充值、网络打赏问题，中央文明办等发布了《关于规范网络直播打赏　加强未成年人保护的意见》，明确网站平台应当完善未成年人保护机制，严格落实实名制要求，禁止为未成年人提供现金充值、"礼物"购买、在线支付等各类打赏服务。此外，《中华人民共和国未成年人网络保护条例》也规定，网络服务提供者应当采取相应措施，合理限制不同年龄阶段未成年人的单次消费数额和单日累计消费数额，不得向未成年人提供与其民事行为能力不符的付费服务。

素养提升

对于未成年人随意进行游戏充值和网络打赏的行为，首先需要家长做好预防，保管好自己的手机、银行卡，以及支付密码、支付验证码等重要信息，不将银行卡绑定在孩子手机上，防止孩子使用手机转账付款。从长远来看，还需要全社会共同努力解决未成年人"网络沉迷"问题，帮助未成年人培养和提高网络素养，树立正确的是非观和消费观。其中，家庭是未成年人的第一所学校，父母是未成年人的第一任老师，家长应该多陪伴孩子，避免其沉迷于网络。

家长如果发现孩子进行了高额的网络游戏充值或者直播打赏，应当依法维护自身的合法权益。具体来说，依据《民法典》的规定，未满八周岁的未成年人属于无民事行为能力人，其打赏和充值行为属于无效的民事法律行为，平台需要返还。八周岁以上十八周岁以下的未成年人属于限制民事行为能力人，如果游戏充值、网络打赏的金额过大，与其智力、年龄和赚取报酬的能力不相符，那么监护人可以选择不予追认其子女充值和打赏的行为，并要求平台返还。

5 游戏账号可以随意买卖吗？

数字故事

　　南京市的胡某是一名资深网游玩家，他的游戏账号不仅在服务器排位靠前，而且等级高、装备好。2021年1月24日，胡某因为缺钱，就同意以13000元的价格将游戏账号卖给同款游戏玩家邓某。交易完成后，邓某立即修改了游戏账号的密码和绑定的手机号码。然而，面对自己倾注不少心血的账号，仅仅过了半天时间，胡某就心生后悔。当晚，胡某通过好友的帮助找回了游戏账号并迅速更改了密码，还在邓某询问时将其删除拉黑。2021年3月30日，胡某向公安机关自首，随后因涉嫌盗窃罪被调查。这不禁让人思考，游戏账号和装备道具可以自由买卖吗？交易的时候需要注意哪些风险？

技术科普

网络虚拟财产属于一种新兴的财产类型，简单来说，就是具有经济价值但以电子数据的形式存在于网络空间的财产。网络虚拟财产大致可分为以下四大类。一是虚拟物类，如游戏中的装备、宠物等；二是虚拟货币类，如腾讯的Q币、抖音的抖音币等；三是账号类，如社交账号、电子邮箱、游戏账号等；四是虚拟空间类，如域名、网页等。

随着网络游戏的流行，游戏账号和虚拟道具的价值日益凸显。对于游戏爱好者来说，为了获得更好的游戏体验，常常不惜投入重金打造游戏角色，因此买卖账号和道具也就成为了一种需求。特别是对于新手或者游戏经验不足的玩家来说，通过购买高等级的游戏账号以及更强力的装备道具，可以在短时间内从"菜鸟"一跃成为游戏高手，增强游戏体验。随着市场需求的提高，游戏账号和装备道具的买卖纠纷也越来越多。

素养提升

根据《民法典》的规定，游戏账号和装备道具是典型的网络虚拟财产，受到法律保护。然而，与普通财产不同，游戏账号和装备道具需要依赖游戏平台提供的服务，游戏用户需要遵守平台规则。从行业惯例来看，游戏平台往往会在服务协议中声明，游戏账号以及装备道具的所有权归属于游戏平台，游戏用户仅仅享有使用的权利，不得以任何方式提供给他人使用，否则游戏平台有权收回。现实生活中，游戏用户因为买卖游戏账号或者装备道具而被游戏平台封号的纠纷事例屡见不鲜，一些法院也支持了游戏平台的做法。因此，游戏账号或者装备道具的交易需要特别留意游戏平台制定的规则。

当然，部分游戏平台也会允许玩家自由买卖账号和道具，有的还会推出由游戏官方运营的交易担保平台，比如网易公司的"藏宝阁"。即便如此，买方在交易时也需要擦亮眼睛，寻找诚信靠谱的卖方。因为游戏账号往往是实名注册的，一旦实名认证后则无法变更，所以市面上大多数的游戏账号交易，主要依靠修改绑定的电话或者邮箱，但卖方在出售后仍然可以通过联系游戏平台客服，以被盗号等理由找回游戏账号。对于卖方来说，在出售游戏账号后再私自寻回的行为，不仅是一种严重的违约行为，甚至还可能涉嫌刑事犯罪。总之，网络虚拟财产实际上并不"虚"，是一种受法律保护的新型财产。

6 如何让手机成为"试衣间"？

数字故事

当前，网络购物已经走进每个普通人的生活。无论是家具家电，还是衣服包包，都可以在网络平台上挑选购买，省去了线下逛街购物的辛苦。但是，网络购物也存在一些局限。日常生活中，相信许多朋友都有过这样的经历，因为网购的衣服尺码不合适、款式难搭配，出现了买家秀和卖家秀反差巨大的尴尬。为了解决这一问题，2023年谷歌推出了一款AI一键试衣软件，用户只需要上传一张全身照，以及想要购买的服装照片或者卖家秀，就能合成出自己试衣后的样子。与此同时，国内的淘宝、得物和识货等网购平台，也纷纷搭载了类似的虚拟试衣功能，实现了让消费者在家就能"穿衣试衣"的便利。

技术科普

目前，网购平台都热衷于为消费者提供虚拟试衣服务，并且试衣的呈现效果越来越好。例如，谷歌的AI试衣软件只需要通过用户上传的两张照片，就能逼真地展示衣服上身的效果。其技术原理在于，谷歌利用了所掌握的海量购物数据来训练算法。比如，将数据库里一个穿着衬衫的人的侧立图和正面站立图打包，供算法进行学习，算法会自动将其他侧立的衬衫形状与正面站立的衬衫形状相区分和匹配，直到可以完美地从各个角度生成人物穿着衬衫的图像。

虚拟试衣功能的兴起，背后体现的是人工智能技术的快速发展。各种试衣软件通过学习用户所上传的人像和衣服数据，对消费者的体型样貌、衣物的材质大小进行算法处理，最终不仅能够生成消费者穿着特定衣服的各种图片，甚至还能结合消费者的穿衣风格及当下流行趋势，提供个性化的穿搭建议。此外，随着元宇宙技术的广泛应用，未来的虚拟试衣功能还可能会结合虚拟现实等技术，更加逼真地展示消费者的穿衣效果。

素养提升

虚拟试衣技术为消费者网购衣物等商品提供了很好的参考，避免了买家秀不同于卖家秀的尴尬，也节省了退货换货带来的成本。然而，一些供应商口中"真实立体、效果逼真"的虚拟试衣技术，在许多消费者看来并不真实。这是因为各个虚拟试衣软件的功能参差不齐，许多虚拟试衣软件并不具备强大的算法能力，仅仅是简单粗暴地将衣物照片拼接到消费者的身上，试衣效果非常不理想。与此同时，许多消费者对于虚拟试衣技术持有怀疑态度，更加青睐线下购物的试衣体验。我们认为，面对虚拟试衣技术的兴起，消费者不妨抱着尝鲜的心态多去体验，以此作为自己网购的辅助手段。

此外，许多商家为了节约成本，不再愿意请专业的模特来展示商品，而是会选择用虚拟试衣技术来合成商品的宣传图，以节省成本。为了保护消费者的知情权，商家在使用此类宣传图时应当予以显著标识，避免让消费者混淆。总之，随着数字技术的不断成熟发展，期待有朝一日，消费者通过手机就能拥有像线下购物般真实的试衣体验。

7 数字人民币是货币吗？

> **数字故事**

2022年3月25日，利用数字人民币支付工程款的应用场景在苏州高铁新城正式落地。当天上午，三笔共计554950元的工程款，通过中国工商银行、中国建设银行两家银行的数字人民币钱包，顺利实现转账交易。据报道，该笔交易是国内首笔利用数字人民币支付工程款项的结算交易。此次使用数字人民币顺利支付工程款的实践，为数字人民币的推广和使用提供了示范。事实上，苏州作为全国首批数字人民币试点城市之一，在数字人民币的推广和宣传上做了非常多的功课。继2020年发放2000万元数字人民币消费红包后，苏州于2021年、2022年、2023年又连续发放了数字人民币红包，以实际行动大力促进数字人民币的推广。对此，我们不禁想要追问，数字人民币是货币吗？

技术科普

数字人民币是由中国人民银行发行的数字形式的法定货币，与人们日常所使用的纸质人民币或者硬币一样，都属于法定货币，只不过是以数字形式存在。那么，数字人民币与当前我们所熟知的微信、支付宝的支付形式有哪些不同呢？

首先，数字人民币作为法定货币，以国家信用作为支撑，其信用等级更高，机构和个人不得拒收，同时在提现、转账等环节都是免费的。而微信、支付宝等作为一种支付方式，其依据的是企业信用，并且在提现、转账等环节需要支付一定额度的手续费。

其次，数字人民币可以实现离线支付。目前，用户必须在联网的情况下才可以使用微信、支付宝等进行付款。而对于数字人民币而言，即使没有网络信号，也能借助智能手机自带的近场通讯功能，实现数字人民币的转账和支付。

最后，微信、支付宝等需要绑定银行账户，数字人民币则无需绑定任何银行账户，这在一定程度上能够满足公众的匿名支付需求，从而更好地保护个人隐私。

素养提升

数字人民币的推广具有重要意义，有助于推动我国的数字化进程，提升我国在全球金融领域的影响力，同时还有利于防范金融风险。为此，2017年，数字人民币展开试点工作，涵盖苏州、深圳、雄安新区、成都、上海、西安等多个地方。目前，数字人民币在批发零售、餐饮文旅、政务缴费等多个领域投入使用，试点地区交易规模稳步上涨，市场普遍反响良好。

2022年1月4日，由中国人民银行数字货币研究所开发的数字人民币（试点版）APP上线，处于试点地区的用户，可以在手机软件商城搜索"数字人民币（试点版）"进行下载。下载完成后，个人需要以手机号完成新用户注册，并在九家运营机构中选择一家"开通匿名钱包"，然后设置六位数的支付密码。目前，根据用户身份识别强度，数字人民币钱包分为一类、二类、三类、四类共四种类型。用户可以通过手机银行转账等方式充值钱包，充值完成后即可使用。随着数字人民币试点城市范围的不断扩大，相信会有越来越多的用户能体验到数字人民币带来的便利。

8 什么是比特币？

数字故事

2010年5月18日，美国佛罗里达州的某程序员在比特币论坛上发布了一个悬赏帖，表示其愿意用一万枚比特币换两个大号披萨，披萨的价值大约为40美元。四天后，这位程序员在论坛回复，说自己已经用一万枚比特币成功买到了披萨。2018年2月25日，这名程序员又用比特币购买了两个披萨，而这次他只支付了0.00649个比特币，价值相当于62美元。2021年，比特币的单价更是突破60000美元，与当初用一万枚比特币仅购买了价值40美元的披萨相比，十年间比特币价格已然是天壤之别。对此，我们不禁想问，比特币到底是什么？可以用来买东西吗？

技术科普

2008年11月，一篇署名为中本聪的论文出现在网络上，题目是《比特币，一种点对点的电子现金系统》。在这篇论文中，中本聪详细描述了一种完全基于点对点的电子交易系统。2009年1月3日，中本聪正式上线了比特币系统，并获得了第一批的50个比特币。那么，中本聪为何要创造比特币呢？它与我们通常使用的货币到底有什么区别？

具体来说，日常生活中的货币通常是由国家的中央银行所发行，使用货币进行的交易需要通过各大商业银行进行记录和确认，是一种中心化的记账方式。而比特币的底层逻辑是去中心化，属于一种分布式的记账方式。简单来说，就是给网络节点的每个人都发放一个账本，所有人参与到这个交易体系中一起记账，无需依赖中央机构或者第三方的信任。与此同时，比特币的总量是固定的，大约有2100万个，有助于保持其价值的稳定。此外，比特币还是一种高度匿名化的货币，这在一定程度上保护了个人财产的私密性，但也为不法交易提供了天然的温床。

素养提升

2013年，比特币第一次出现在我国公众视野，随后由于价格暴涨引起了监管部门的关注。2013年12月5日，中国人民银行等五个部门发布了《关于防范比特币风险的通知》，明确指出："比特币交易作为一种互联网上的商品买卖行为，普通民众在自担风险的前提下，拥有参与的自由。"随后，各种类似于比特币的虚拟货币如雨后春笋般出现在了公众面前。

为防止代币发行融资对金融秩序产生不利影响，2017年9月4日，中国人民银行等七个部门联合发布《关于防范代币发行融资风险的公告》，明确禁止从事代币发行融资活动。2018年1月17日，中国人民银行营业管理部发布《关于开展为非法虚拟货币交易提供支付服务自查整改工作的通知》，再次明确："严禁为虚拟货币交易提供服务，并采取有效措施防止支付通道用于虚拟货币交易。"

总之，比特币等虚拟货币不属于法定货币，不能像法定货币一样用于支付。整体而言，我国对于比特币等虚拟货币采取的是严格监管的态度，因此，个人应当谨慎买卖比特币等虚拟货币。

9 数字藏品有什么价值？

数字故事

  2022年2月12日凌晨，500个由国际奥委会官方授权发行的冰墩墩数字藏品盲盒，在某NFT交易平台上正式发售，每个售价99美元，并且规定每人限购5个。根据官网介绍，盲盒中的冰墩墩以各种运动员的形象展现，如高山滑雪运动员、钢架雪车运动员、单板滑雪运动员等等。除此之外，盲盒里还包含两个版本的北京2022年冬奥会官方会徽和一张海报。在随后的两天时间里，平台上13个在售冬奥会数字藏品中，最低报价已达2000美元，最高报价88888美元，相当于原价的近1000倍。对此，我们不禁追问，数字藏品到底是什么样的商品？有什么价值？

技术科普

要了解数字藏品，首先需要了解NFT技术。NFT的全称为Non-Fungible Token，也被称为非同质化通证，实质上是一种存储在区块链上的不可替代、不可篡改、不可分割的数据单位。任何形式的物品都可以通过区块链技术得到一个独一无二的专属数字凭证，从而成为NFT。形象地说，同质化通证相当于大家手中的硬币，每枚硬币的属性、价格都是相同的。而非同质化通证则类似于艺术品，每件都具有独一无二的特性。

数字藏品是NFT在我国的"本土化"发展，其脱胎于NFT，剥离了NFT的虚拟金融属性，更加注重数字属性与收藏属性。数字藏品与NFT均利用区块链技术，但也存在一些实质性的区别。具体来说，我国的数字藏品均以人民币进行结算，而国外NFT可以使用虚拟货币进行结算。同时，国外NFT的区块链一般要求使用"假名"，但我国相关法律法规要求数字藏品需要进行实名认证。基于此，我们可以将数字藏品理解为受监管的NFT，是利用区块链技术进行数字化的特定作品、艺术品和商品。

素养提升

区块链技术使得数字藏品具备了唯一性，实现了物品的数字资产化，受到越来越多年轻人的青睐。目前，用户在一些具备资质的正规平台可以进行数字藏品的购买和铸造。不少APP还通过联名联动，让用户不仅可以看到由成都杜甫草堂博物馆、洛阳博物馆、浙江图书馆等发售的数字藏品，还能在平台上体验一把明信片数字藏品的铸造流程。数字藏品一经铸造，永久上链且不可篡改。

随着数字藏品的火爆，出现了平台不发货、不退货、恶意哄抬价格等问题。为此，消费者在购买数字藏品时应当注意以下问题。第一，了解、学习数字藏品的基础知识，正确认识数字藏品的精神文化价值，避免盲目跟风购买。第二，购买前注意查阅该平台数字藏品的操作、购买等规则，详细了解后再决定是否入手。第三，仔细辨别平台信誉，通过正规平台进行购买，避免落入诈骗陷阱，造成财产损失。第四，当自身财产遭受损失时，应当立即留存证据，包括但不限于平台合同、平台交易记录、银行转账记录等，通过向相关部门投诉、向法院起诉等方式，依法维护个人权益。

10 智能合约有什么用？

数字故事

2021年3月，浙江杭州西湖区人民法院审理了一起金融借贷纠纷案。案件中李某欠某银行借款6万余元未还，在法院的组织下，双方达成了分期付款的调解协议。为了确保调解协议得到执行，主审法官向双方介绍了法院新推出的智能合约系统。一旦调解协议转化为智能合约，如果李某届时不履行还款义务，智能合约会自动扣款转给银行。在主审法官的建议下，双方同意将调解协议转化为智能合约。2021年3月28日，当月还款到期，李某却未主动归还款额3800元，智能合约在第二日便自动触发，成功从李某在某金融机构的账户中划扣了3800元给银行。这一操作引发公众热议，大家纷纷为智能合约点赞。对此，我们不禁追问，智能合约到底是什么样的合约？为何能够自动执行？

技术科普

1994年，学者尼克·萨博提出了"智能合约"的概念，认为"智能合约是一套以数字形式定义的承诺，包括合约参与方可以在上面执行这些承诺的协议"。与传统合同不同，智能合约并不需要白纸黑字，它本质上属于一种计算机协议，一旦部署就可以实现自我执行和自我验证。作为区块链四大核心技术之一，智能合约的架构主要包括合约成立、合约有效以及合约执行三个部分。

首先，合约成立是指由合约参与方进行协商，明确各方的权利与义务，然后由开发人员将这些权利义务通过编程语言转换为代码，包括触发合约自动执行的条件以及合约规定的权利义务。其次，智能合约在区块链上运行，因此代码只有经过区块链节点的验证，才能成为区块链意义上的有效合约。最后，智能合约一经验证有效就开始运行，这一过程不得篡改，也无需人工干预，从而有效降低合同的执行成本。

素养提升

与传统合同相比，智能合约的特点在于，它是以电子形式存在的，并且合约的所有条款和执行过程都是预先设定好的，不需要借助第三方机构的参与。智能合约可以自动、即时满足客户需求，从而提升服务效率，大大降低传统合同因为执行、裁决而产生的人力、物力成本。这样的优势使其得到广泛的应用，除了司法领域，智能合约还被广泛应用于拍卖、医疗保健、保险、证券发行等多个领域。例如，保险业巨头法国安盛公司就推出了一款智能合约保险产品，如果航班延误超过两小时，支付了保险费的当事人便可自动获得赔偿。

然而，不能忽视的是，智能合约自身也会存在一定的风险。比如，作为智能合约基础的代码需要由人工进行编写，可能会出现偏离当事人主观意愿的结果。除此以外，智能合约还可能存在因为代码漏洞而遭受黑客攻击的问题。由于智能合约的代码一般用来控制资金流转，一旦出现漏洞，造成的损失将难以估量。因此，作为普通用户，一定要选择正规的智能合约平台，在涉及大额资金交易的情况下谨慎选择智能合约。

11 智能家居有多智能？

数字故事

好莱坞电影《钢铁侠》在全世界收获了不少影迷，除了身披红色高科技铠甲的主角，相信大部分看过电影的人，也会对陪伴在主角身边的 AI 系统"贾维斯"印象深刻。电影里的"贾维斯"是具有独立思考能力的 AI 系统，在战斗的时候为钢铁侠提供各种帮助，而回到家后，"贾维斯"则会化身为全能管家，处理家里的各种事务。那么在现实生活中，我们能否和钢铁侠一样拥有一个智能管家呢？就目前的技术而言，智能家居可以说是最接近"贾维斯"的存在了，只需要一个简单的指令，就可以操控家里所有的电灯、风扇、电视、空调等家具电器。那么，智能家居到底有多智能呢？

技术科普

智能家居不是指单独的一个扫地机器人或者家电单品,而是综合应用了物联网、5G、人工智能等前沿技术,实现对家庭环境的集中管理和智能控制。当前,智能家居主要有以下几种应用场景。

第一,智能家电。像扫地机器人、智能空调这些智能设备,其本身就有着强大的功能,会根据不同的家庭环境进行自适应调整。例如,扫地机器人会监测地面的杂乱程度,提醒我们需要开机打扫。

第二,智能控制。智能控制中心是整个智能家居系统的核心,相当于人类的大脑,控制着家里所有智能家电的运行。例如,照明控制系统会调节灯饰的开关、亮度和风格,在入睡前灯光会变得昏暗柔和,在庆祝聚餐时则会亮起氛围灯;噪声控制系统会在用户睡觉时段,自动关闭工作噪声较大的家电。

第三,智能安防。智能家居可以通过密码、指纹、人脸识别等多种方式进行门禁解锁,以及设置安装烟雾警报器、燃气泄漏警报器、漏电提示等监控设备,保障家庭安全。

素养提升

2021年4月,住房和城乡建设部等发布《关于加快发展数字家庭 提高居住品质的指导意见》,明确提出新建住宅应当设置基本智能产品，鼓励既有住宅进行智能化改造。2022年8月，工业和信息化部等发布《推进家居产业高质量发展行动方案》，鼓励智能家居体验馆、智能电器生活馆、健康照明体验中心等新零售发展的同时向社区下沉，促进家居升级消费。

  目前，我国智能家居市场发展迅速，供消费者选择的品牌比较丰富，如华为、小米、海尔、美的等。作为普通消费者，我们如何打造自己心仪的智能家居呢？首先，我们需要购买智能家具，然后在手机上下载其官方指定的APP，比如华为的"智慧生活"、小米的"米家"、美的的"美的家居"等。其次，通过Wi-Fi或者蓝牙对智能家具进行绑定，这样就可以在APP上对不同的智能家具进行具体设置和一键管理了。最后，需要注意的是，智能家居可能存在黑客攻击、隐私泄露、兼容性差等问题，为此需要加强技术创新和法律政策的有效引导。

12 智慧门禁安全吗？

数字故事

2020年11月，上海市浦东新区利津路1313弄证大家园五期的业主们，围绕小区更换新门禁系统的问题忙个不停。一直以来，小区采用的门禁是传统的有线对讲机，即外来访客按下房间号后，对应房间将会响铃，然后业主接电话并解锁门禁。而新的门禁系统非常智能，可以通过手机APP、人脸识别、刷卡、输入密码四种方式开门。对此，有年轻业主认为，新的门禁系统可以与手机绑定，用起来非常方便。但也有业主持反对意见，"家里老人一直都是用钥匙，哪里会捣鼓手机开门，这不强人所难嘛？""小孩子比较矮，人脸识别看得到吗？""门禁公司靠谱不，我担心个人信息泄露。"鉴于业主们分歧较大，小区的物业公司不得不暂停安装计划。那么，智慧门禁到底是什么？安全吗？

> 技术科普

　　智慧门禁是指运用了物联网、5G、生物识别、数据加固等前沿技术的门禁系统。虽然智慧门禁外观上与普通的门锁或者密码锁可能相差无几，但远比拿钥匙或者按密码开门方便得多，并且具备更全面的安防功能。

　　第一，智能感应技术。智慧门禁支持手机APP以及生物识别，比如人脸、指纹，甚至是声纹、掌纹、虹膜。第二，远程监控功能。住户可以通过手机随时查看家门口的监控摄像。第三，智能识别技术。这项功能在住宅小区、办公楼、学校、医院等半封闭区域的日常管理中非常实用，可以帮助管理者快速筛选可疑人员及车辆，及时通知安保人员或者社区民警。第四，异常警报功能。智慧门禁与智慧物业、智慧社区形成技术联动，进行大数据预警，实现多方协同调度。例如，当陌生人突破门禁进入住宅、小区时，智慧门禁系统将会第一时间联系安保人员和社区民警。

素养提升

2021年4月6日,住房和城乡建设部等发布《关于加快发展数字家庭 提高居住品质的指导意见》,明确提出要强化智能产品在社区配套设施中的设置。2022年5月10日,民政部等发布《关于深入推进智慧社区建设的意见》,提出要优化社区智慧电网、水网、气网和热网布局,推进小区智能感知设施建设,扩大智能感知设施和技术在安全管理、群防群治、机动车(自行车)管理、生活垃圾处理等领域的应用。

门禁作为家庭和社区安保工作的第一防线,应当充分利用数字技术加强武装,成为保障用户人身和财产安全的科技铠甲。目前,安装智慧门禁的工作主要由专门的科技设备公司来承包,用户可以根据自己的具体需求进行个性化设置,选择安装独立型或者联网型智能门禁,并自主定义智慧门禁的识别和解锁的方式。

当然,作为一种新技术,智慧门禁还存在着黑客攻击、信息泄露、无人维护等风险。对此,《民法典》《个人信息保护法》等法律法规对隐私和个人信息保护作了全面规定。相信通过制度和技术的合力,可以消除人们对智慧门禁的担忧,让数字技术更好地赋能美好生活。

13　电子签名该怎么用？

数字故事

来自深圳的贺先生为了赚取外快，被兼职微信群的一个网友带到印章店，办理了电子签名证书。2017年，贺先生意外发现，自己竟然成为了某公司的监事，于是向公安局报案，但被拒绝立案。随后，贺先生又向市场监督管理局申请撤销工商登记，仍被拒绝。无奈之下，贺先生向法院起诉要求市场监督管理局撤销这一工商登记。法院认为，深圳商事登记个人数字证书申请表是由贺先生本人签署的，该申请表已经明确告知贺先生相关风险及数字证书的用途，贺先生未能妥善保管个人数字证书，应自行承担相应后果。贺先生的遭遇并不是个例，类似的新闻时有发生。对此，我们不禁想要追问，电子签名到底该怎么用才安全？

技术科普

传统的商务活动中，在双方就合同内容协商达成一致后，需要由当事人对合同进行签字盖章，从而确保合同的真实性与安全性。然而，在电子商务活动中，由于不存在可以手写签名或者盖章的纸质合同，但又需要保证合同的真实性，电子签名由此而生。

电子签名是指数据电文中以用于识别签名人身份，并表明签名人认可其中内容的数据，其形式包括在电子通讯环境下替代亲笔签名的各种签名方式，具体包括电子化签名、生理特征签名以及数字签名等。与传统手写签名的图像电子化不同，电子签名并不是由传统的书面签名扫描后复制粘贴在电子合同中，其实质上是一种电子代码，不仅可以帮助收件人在网上对发件人的身份和签名进行验证，同时，还可以对文件原文在传输过程中有无变动进行验证，从而确保原始文件的完整性和真实性。

素养提升

根据《中华人民共和国电子签名法》[1]的规定，可靠的电子签名与手写签名或者盖章具有同等的法律效力。然而，电子签名对于以下事项是不适用的，包括涉及婚姻、收养、继承等人身关

---

[1] 下称《电子签名法》。

系；涉及停止供水、供热、供气等公用事业服务等情形。此外，为了进一步保障电子签名的真实性和交易安全，电子商务中还引入了电子认证机构，它们负有保证签发的电子签名认证证书准确无误、妥善保存与认证相关的信息等义务。

当然，电子签名仍然面临着各种风险，如被伪造、盗用和冒用等。因此，日常生活中我们应当提高警惕。一方面，电子签名目前主要运用于电子合同与电子政务方面，如果日常没有此需要，不要随意办理电子签名数字证书。如果已经办理电子签名数字证书，就应当对其妥善保管。另一方面，随着越来越多的金融消费从线下转移至线上，在线签订电子合同成为了一种需要。为此，消费者在线上进行金融消费时，一定要选择官方网站或者APP，仔细了解并确认相关内容，谨防不法分子利用盗版网站销售产品，避免自身陷入诈骗陷阱和个人信息泄露的风险当中。

第二编

数字出行

14 什么是自动驾驶汽车？

数字故事

2023年5月，网友憨爸分享了自己首次体验自动驾驶汽车的经历。一大早，憨爸领着儿子来到马路边。不一会儿，远处有一辆白色小车行驶至十字路口等红绿灯，它与周围车辆似乎没有什么区别，但小朋友注意到这辆小车的不同寻常，随即大喊道："爸爸，这车的头上有东西！"憨爸仔细一瞅，这车的车顶上确实顶着一个"黑帽子"。很快，"黑帽子"车转过弯来，打着双闪缓缓停下。定睛一看，驾驶员车位居然是空荡荡的，而"黑帽子"上闪着光，像是有两只眼睛密切地注视着前方。一行人坐好后，车辆开始发动，方向盘也随之自动转了起来。下车后，憨娃第一句话就是"太酷啦！"那么，如此"酷"的自动驾驶汽车，你了解多少呢？

技术科普

自动驾驶汽车又称无人驾驶汽车、智能网联汽车、智能汽车，是一种通过算法系统实现自动驾驶的新一代汽车。为了更好地了解自动驾驶汽车的本领，我们需要知晓自动驾驶汽车的分级。2021年8月，国家标准《汽车驾驶自动化分级》出台，将汽车的自动化水平分为L0至L5六个阶段。其中，L3级以上的汽车才是真正的自动驾驶汽车，具体又分为三个等级。

L3级的汽车被称为有条件自动驾驶汽车，系统可以自主操控汽车的运行，驾驶员不再需要全程监控路况，双手也可以离开方向盘。但有条件自动驾驶汽车存在设计运行范围的限制，且系统的自动化功能也有局限，一旦遇到紧急事件，驾驶员需要紧急接管。L4级的汽车被称为高度自动驾驶汽车，系统可以在运行范围内自主运行，即使遇到紧急情况，驾驶员也不需要介入。L5级的汽车被称为完全自动驾驶汽车，系统的自动化能力不存在任何限制，可以应对一切应用场景与突发状况，此时，驾驶员彻底变成了乘客。

素养提升

我们为什么要研发自动驾驶汽车呢？一个重要的原因是为了提高交通安全。从历史数据上看，汽车事故每年造成上百万人死亡。根据国家统计局的数据，2021年，全国机动车交通事故共计23.3万起，造成5.6万人死亡，23.8万人受伤，直接财产损失13.5亿元。有调查显示，95%以上交通事故的发生都源于人类驾驶员的驾驶失误，如醉酒、疲劳、路怒、分心等。当自动驾驶代替人工驾驶后，交通事故的数量将会大幅降低，因为自动驾驶汽车会装配摄像头、雷达，能够使汽车真正做到"眼观六路，耳听八方"。

与此同时，自动驾驶汽车在缓解交通拥堵、增强出行能力、加强环境保护等方面具有重要价值。例如，近年来，随着汽车保有量的不断攀升，中大城市交通拥堵的情况日益严重，特别是在早高峰、晚高峰、节假日、恶劣天气等情形下。对此，自动驾驶汽车可以通过车路协同，提高道路的利用效率。同时，自动驾驶汽车的普及还可以在一定程度上降低民众拥有汽车的需求，减少单个家庭保有汽车的数量。此外，自动驾驶汽车也可在极大程度上解决老人、小孩、盲人、残疾人等特殊群体的出行问题。

15 自动驾驶时代还需要考驾照吗？

数字故事

近年来，由于科目二、科目三标准改革的原因，驾照考试的要求越来越严格，取得驾照所要花费的时间、精力、金钱等成本也在逐步提升。在此情形下，没有取得"驾驶证"的同志们不禁高呼：这驾照非考不可吗？这虽为玩笑话，但也并非空想。随着自动驾驶汽车的发展和普及，人们开始产生这样的疑问：以后还需要考驾照吗？对此，网友"北方车厘子"表示："从2025年开始计算，也就是2031年前后，L4级别的自动驾驶汽车就能落地。届时，大家开车（其实是乘车）就不用考取驾照了。"而网友"雪松"则认为，"即使已经达到L5级完全自动驾驶级别，考驾照还是有必要的"。那么，自动驾驶时代到底还需要考驾照吗？

技术科普

根据现行《中华人民共和国道路交通安全法》①的规定，驾驶机动车，应当依法取得机动车驾驶证，即需要考取驾照。这一制度是为了确保人类驾驶员具备足够的驾驶技能和知识，能够安全、合法、文明地驾驶汽车。那么，当自动驾驶汽车普及后，人们还需要考取驾照吗？

这个问题需要结合自动驾驶技术的发展情况来回答。对于有条件自动驾驶汽车来说，虽然系统能够在通常情况下操控汽车的运行，但一旦遇到紧急情况依然需要驾驶员及时接管。这意味着驾驶员的驾驶职责并没有完全移除，还需要在特定情况下驾驶汽车。因此，对于有条件自动驾驶汽车来说，人们还需要考取驾照，以便履行接管职责。对于高度自动驾驶汽车和完全自动驾驶汽车来说，车辆的自动化程度已经非常高了，人类驾驶员的角色逐步向乘客转变，驾驶车辆的职责不再需要驾驶员来承担。此时，人们考取驾照的必要性大大降低，甚至车辆本身都可能不再保留方向盘了。

---

① 下称《道路交通安全法》。

素养提升

当前，自动驾驶汽车正处于道路测试向商业化落地的关键阶段，自动驾驶汽车时代正在来临。2023年11月，工业和信息化部等四部门发布了《关于开展智能网联汽车准入和上路通行试点工作的通知》，开始对自动驾驶汽车的准入和上路通行进行试点。可以预见的是，自动驾驶汽车的大规模商业化落地不会太遥远。

对于普通消费者来说，在自动驾驶汽车真正达到L4级和L5级之前，还是需要积极考取驾照，不然无法驾驶传统汽车。即使是L3级的自动驾驶汽车，仍需要具有驾驶资格和技能的人来操作或接管。例如，车辆在超出设计运行范围或者遭遇紧急情况时，仍然需要驾驶员提供支持，由此可见，考取驾照是十分有必要的。与此同时，消费者还需要警惕一些不良车企的虚假宣传，他们常常会夸大车辆的自动驾驶能力，声称"车辆已经达到L4级甚至是L5级，可以让消费者的双手完全脱离方向盘，不再需要承担驾驶任务"。而实际上，目前市面上的大部分车辆都远远达不到L4级，更不用提L5级了。

16 乘坐自动驾驶出租车是什么体验？

数字故事

在广州黄埔区人才大厦的路边，记者用手机打开"百度地图"APP，选择"打车"，在右下方点击"自动驾驶"，便进入了打车页面，输入上车和下车点，一趟自动驾驶之旅就开始了。只见自动驾驶出租车的驾驶位上坐着一名安全员，他的任务不是开车，而是在行驶中保证乘客安全。在主驾驶和副驾驶座位的后方，各有一个屏幕，显示此次行驶的起点和终点的路程信息。出发前，乘客需要在屏幕上完成身份认证，认证完毕后车辆便正式启动。记者从屏幕上获悉，本次行驶的距离为1.6公里，出租车时速保持在30公里左右，用了3分钟到达目的地。完成行程后，乘客还可以通过点击屏幕反馈乘车体验。那么，你会选择乘坐自动驾驶出租车吗？

技术科普

自动驾驶出租车是自动驾驶汽车的重要应用场景，也是行业认为最有希望优先商业化落地的应用场景。相较于出售给个人或者家庭的自动驾驶汽车，自动驾驶出租车主要瞄准的是共享出行领域，能够让用户体验自动驾驶出行。与此同时，自动驾驶出租车通常由统一的平台管理，在生产成本、更新维护、车路协同、购买保险等方面都更具优势，能够更好地控制驾驶风险。

当然，自动驾驶出租车的运营涉及公众安全。为此，各大车企都做了十足的准备。例如，百度对于首次体验自动驾驶出租车的用户，要求必须有安全员介入才能完成出行。当用户第二次预约百度自动驾驶出租车时，才可体验无安全员陪同的自动驾驶出行服务。此外，百度为了增强自动驾驶出租车的安全性，在技术层面也做了升级，其第 5 代自动驾驶出租车配备有 1 个主激光雷达加 8 个毫米波雷达，性能较第 4 代提升了 10 倍。在紧急情况下，自动驾驶出租车屏幕上的"SOS"键还可以紧急呼叫客服人员。

素养提升

目前，自动驾驶出租车已在北京、沧州、上海、武汉、重庆、长沙等多个城市开放运营服务。以重庆永川为例，自 2022 年开放自动驾驶示范运营以来，已建成城区内主驾有人站点超

300个，全无人站点超130个，并逐步向老城区、复杂城区道路渗透。不仅如此，永川还全域开放了1385公里的道路。预计到2024年，自动驾驶示范运营中心将在永川全面建成并投入使用。

心动不如行动，大家可以一起前往上述城市感受自动驾驶出租车的魅力。首先，乘客可以在手机上下载"百度地图"或者"萝卜快跑"等APP，注册登录后输入上车和下车点，点击"呼叫车辆"，就可以在指定站点乘坐自动驾驶出租车。车辆到达站点后，乘客扫描车身二维码并输入预约手机的后四位号码，系统核验信息无误后，车辆的门锁会自动打开。待乘客落座后，车辆会开启后座自动感应，语音提示乘客系好安全带。在后座视线处，出租车还配有显眼的乘客须知，通过文字和图片生动展示乘坐自动驾驶出租车时的注意事项，对此，乘客应当耐心阅读。一切就绪后，乘客点击显示屏上的"启动"，出租车便会自动起步、提速、变线，直至将乘客安全地送至目的地。

17 自动驾驶汽车撞人了谁负责？

数字故事

2018年3月18日，Uber公司的一辆自动驾驶汽车在美国凤凰城郊区的某路口，撞上了一位推着自行车横穿马路的女子。事故发生后，该女子被紧急送医，但因伤势过重最终不治身亡。据调查，涉事自动驾驶汽车当时正处于自动驾驶模式，车上配置了一位安全员，但在事故发生时，安全员正在低头观看视频节目。随后，安全员因过失杀人罪受到指控。2023年8月，这起全球首例自动驾驶汽车交通事故致死案件迎来最终宣判，安全员被判处三年缓刑。对此，我们需要思考的是，如果车企将自动驾驶汽车出售给消费者，消费者在使用其自动驾驶模式的过程中发生交通事故，该由谁来承担责任呢？

技术科普

自动驾驶技术能够大幅降低交通事故的发生，但并不能保证绝对安全。特别是考虑到自动驾驶汽车目前仍然处于初级阶段，技术的不成熟在所难免。一方面，自动驾驶汽车相较于传统汽车更加复杂，传感器、执行器、算法系统等各种硬件、软件的适配是个难题。另一方面，自动驾驶汽车安全系数的提升，需要依赖车路协同、高精地图等基础设施的进一步完善。

根据现行《道路交通安全法》的规定，传统汽车发生事故一般需要追究有过错的驾驶员的责任，比如人类驾驶员是否存在醉驾、毒驾、超速、闯红灯等违章情节。然而，自动驾驶代替人工驾驶后，现行以驾驶员的驾驶行为和驾驶过错为基础构建的责任规则将无法继续适用。因为人们不需要脚踩刹车、油门以及手握方向盘进行操控，汽车自己就能自动行驶，未来的自动驾驶汽车甚至都可能没有方向盘。此时，若驾驶者不存在驾驶行为，那么追究驾驶过错就变得不太可能了。由此，如何分配自动驾驶汽车所引发的交通事故责任就成了难题。

素养提升

2022年6月，《深圳经济特区智能网联汽车管理条例》出台，对自动驾驶汽车的交通事故责任问题作了研究探索。具体来说，自动驾驶汽车发生交通事故后，属于该自动驾驶汽车一方责任的，由驾驶人或者车辆所有人、管理人承担赔偿责任。如果交通事故的发生是由于自动驾驶汽车存在缺陷造成的，那么驾驶人或者车辆所有人、管理人承担赔偿责任后，可以依法向生产者、销售者进行追偿。

对于普通老百姓来说，如果出门在外不小心被一辆自动驾驶汽车撞到，首先可以要求动用自动驾驶汽车的保险来赔偿，不足部分可以向驾驶人、车辆所有人或者管理人请求赔偿。与此同时，如果我们有朝一日购买了一辆自动驾驶汽车，应当按照产品说明书规范使用自动驾驶功能。例如，在大雾、暴雪等不适合开启自动驾驶模式的时候，坚决不使用自动驾驶模式。如果购买的是一辆L3级的自动驾驶汽车，那么我们还需要在车辆遭遇紧急情况时承担及时接管的职责。一般而言，自动驾驶汽车相较于传统汽车更加安全，事故发生的概率也会大大降低，消费者大可不必因为责任问题而对自动驾驶汽车缺乏信心。

18 自动驾驶汽车遇到危险应该优先保护谁？

数字故事

"电车难题"是伦理学中一个非常著名的思想实验，其假设的场景如下：一辆失控的有轨电车正在沿着轨道飞速行驶，轨道前方有五个人，而另一条轨道上只有一个人。为了拯救这五个人的生命，有轨电车可以变换到另一条轨道，但代价是导致另一个人死亡。请问，作为有轨电车的司机，你会如何选择？现在，让我们将有轨电车换成自动驾驶汽车。试想一下，一辆自动驾驶汽车突然发生故障失控，向前行驶会撞死一位老太太，向左转弯会撞死一对年轻的情侣，而向右行驶则会撞上一棵粗壮的大树，导致车毁人亡。请问自动驾驶汽车究竟是该向左转，还是向右转，抑或是选择直行？作为普通人，你希望自动驾驶汽车在发生危险时优先保护谁？

技术科普

自动驾驶汽车的伦理问题在国际上受到了广泛关注。2017年，德国出台《自动化和网联化车辆交通伦理准则》，明确自动驾驶汽车应当始终坚持人类的安全优先于动物和其他财产，同时不得以年龄、性别、种族和身体状况等因素进行歧视性判断，如牺牲老年人拯救年轻人等。对于生命利益高于财产利益这一标准，各方基本能达成一致意见。但面对各方生命利益发生冲突的情形，究竟应当优先保护行人还是乘客则存在巨大争议。

有人认为，自动驾驶应该优先保护行人安全。因为乘客享受了自动驾驶汽车带来的便利，就应当承担其引发的技术风险，不应当让自动驾驶汽车影响公共安全。有人则认为，自动驾驶应该优先保护乘客安全。因为这涉及人车信任的问题，没有消费者会愿意购买危险时无法保护乘客安全的自动驾驶汽车，一旦消费者不再信任自动驾驶汽车，将会影响其整个行业的发展。还有人认为，自动驾驶技术无论再怎么先进，都无法完美解决电车难题。因为电车难题涉及伦理道德，而人工智能等数字技术本身并不具备独立思考和分析伦理问题的能力。

素养提升

与有轨电车不同，自动驾驶汽车电车难题的选择权由司机转移到了算法系统手中，这为法律的事先干预提供了可能。对此，我们认为，应当以遵守交通法规作为选择的首要依据，让电车难题回归法律本身。具体来说，汽车的使用具有风险属性，正是由于交通法规的存在，才使得出行风险可控。从这个角度看，交通法规的存在提升了整个交通系统的安全与效率，所有交通参与者都应当遵守交通法规。当电车难题是由于一方违反交通法规引起时，自动驾驶汽车应当优先保护遵守交通法规一方的安全，以便为社会提供一种守法激励。

如果碰撞各方都遵守或者都未遵守交通法规，那么此时自动驾驶汽车应当保持原有的行驶路线，因为没有改变原有行驶路线而撞向周遭另一人的正当理由。此种情况下，不改变行驶路线对于碰撞各方都是公平的，不幸的一方只是由于意外去世，并非由于规则的漠视而被牺牲，同时还可以避免因紧急改变方向带来的连锁风险，具有更强的可预见性。当然，自动驾驶汽车到底该如何应对电车难题，还需要法律的进一步明确。

19 自动驾驶汽车遇到黑客攻击怎么办？

数字故事

在电影《速度与激情8》里，反派远程操纵汽车"万马奔腾"这一幕让观众印象深刻。如果自动驾驶汽车被黑客劫持，驾乘人员以及路上的其他车辆、行人将面临巨大危险，甚至会危及整个城市的安全。与此同时，近年来汽车行业遭遇黑客攻击和勒索的情况屡见不鲜。有报告称，一名黑客通过入侵汽车的共享APP并改写相关程序，轻松盗走了一百多辆奔驰豪车。传统汽车时代，黑客入侵汽车的方式主要是近距离地攻击门锁和车载蓝牙。而在自动驾驶时代，黑客们远在千里之外，就可以通过互联网对汽车进行攻击。根据工业和信息化部车联网动态监测情况显示，2020年汽车产业、车联网信息服务提供商等遭到的恶意攻击次数高达280余万次。

技术科普

随着数字时代的到来，越来越多的汽车呈现网络化、智能化的特点。一辆汽车目前最多可容纳150个电子控制单元，运行1亿行代码，而未来的自动驾驶汽车可能包含多达3亿行软件代码。如此复杂的架构及系统，导致自动驾驶汽车更容易受到网络攻击。

一方面，随着自动驾驶汽车日益网络化，特别是自动驾驶汽车的安全功能逐渐与网络数据挂钩，网络技术成为汽车运作的底层技术，整个车辆的各种系统都需要依靠网络运行，包括发动机、变速器和牵引控制系统等，故障发生的概率可能会大幅上升。另一方面，除了网络自身故障以外，自动驾驶汽车更加容易受到黑客的攻击也成为一种普遍的担忧。2014年，美国一位作者编写了一本《汽车黑客手册》，意外受到热捧，一周被下载超过30万次，一度两次造成网络瘫痪。这也从侧面说明汽车黑客问题受到广泛关注。

素养提升

相较于传统汽车，自动驾驶汽车最大的价值在于安全。如果不能较好地解决网络安全问题，那么自动驾驶汽车的优势将大打折扣。对此，我国高度重视并致力于解决自动驾驶汽车的网络安全问题。在宏观层面，构建了以《中华人民共和国网络安全法》[①]《中华人民共和国数据安全法》[②]《个人信息保护法》等为支柱的法律保护体系。与此同时，对于自动驾驶汽车的网络安全问题也做了专门规制。2021年7月，工业和信息化部发布《关于加强智能网联汽车生产企业及产品准入管理的意见》，明确对自动驾驶汽车的数据与网络安全管理提出要求。2021年8月，多部门联合发布《汽车数据安全管理若干规定（试行）》，针对汽车数据安全做了全面部署。

作为普通消费者，我们应当选择符合国家标准和行业标准的汽车产品。同时，在享受汽车的智能化功能的同时，应当对汽车收集自己的隐私和个人信息数据的请求保持适当的谨慎，以免汽车遭受黑客攻击导致自己的隐私和个人信息泄露。对于汽车厂商，需要不断加强技术研发，提高车辆硬件和软件的安全性，同时在消费者购买汽车时充分告知车辆使用过程中可能存在的网络安全风险，以及对应的处理措施。

---

① 下称《网络安全法》。
② 下称《数据安全法》。

20 智能公交如何"智能"?

数字故事

2023年9月13日,江苏苏州太仓市的319路公交车站台有了新的变化,除了显示线路经过的站点外,还能显示"预计到达本站时间"。通过观察发现,319路公交车停靠沿线各站点的时间与站牌上标记的时间基本一致,即使有一些误差,前后时间也不超过五分钟。对此,乘客们纷纷表示太好了,以前公交车站牌只标注了线路起始站的首末班次时间,沿线站点候车很难把握车辆具体何时到站,有时候到得太早等待的时间过长,有时候又因为晚来一两分钟错过要搭乘的公交车。现在公交车变得智能了,知道"守时"抵达了。对此,我们不禁追问,公交车为什么可以如此智能?智能公交还有哪些高科技?

技术科普

随着大数据、5G、物联网等数字技术的发展，公共交通也逐渐走向"智能化"。相较于传统的公交车，智能公交包含智能公交站台、智能控制系统、智慧车辆三个核心部分。

首先，传统公交站台只能显示公交线路、途经站点、运营时段、票价等固定的静态信息，而智能公交站台还能提供出行规划指引、车辆实时位置、预计待车时间等实时动态信息，帮助乘客合理安排出行。与此同时，智能公交站台还能够记录各站台乘客流量，帮助公交运营方科学调整站台设置。

其次，智能控制系统依托智能公交站台，通过站台的客流量监控与雷达识别，实时获取公交服务信息，帮助公交运营方判断是否需要增加临时班次、临时调整路线等，提高搭送乘客的效率。

最后，智慧车辆是智能公交的最后一环。目前，公交车自身也在不断进化，除了最简单的无人售票、为乘客和司机提供实时路况和天气预报等信息外，还能实现自动驾驶，让智能公交更加名副其实。

素养提升

近年来，国家层面相继发布了《"十四五"交通领域科技创新规划》《数字交通"十四五"发展规划》《国家公交都市建设示范工程管理办法》等政策文件，对智慧交通、智能公交、数字出行等事业进行宏观指导。在此基础上，各地都在积极推进智能公交建设。截至目前，上海、长沙、武汉、杭州、深圳、重庆等城市已逐步开通5G智能公交服务路线，有的城市甚至已经推出了自动驾驶公交车，给民众带来了不一样的出行体验。

以武汉市"智能公交"APP为例，用户可以在官方网站首页（www.wbus.cn）扫描二维码，或者在手机应用商店搜索"智能公交"进行下载。安装完成后，点击"智能公交"应用，进入APP界面，底部有四个按钮，分别是"查询""周边""换乘""更多"。默认进入的是"查询"，这一部分有三个选项，分别是"线路""站点""目的地"。点击"线路"，在输入框中输入想要查询的公交线路，可以显示该公交经过的所有站点，以及离当前站点最近的公交车的实时距离。与此同时，用户还可以查看当前位置周边各路公交的到站情况。此外，用户还可以通过智能公交的"行程共享"功能，将行程动态分享给亲友，为出行安全更添一份心安和保障。

21 高精地图有多"精"?

数字故事

2019年的某个晚上,家住江苏省泰州市的吴女士被导航害得不轻。事发当天深夜,吴女士独自开车前往隔壁的乡镇接喝醉酒的丈夫回家,因为是新手且不熟悉路况,便一直跟随导航的指令行驶。快到达目的地时,前方路段没有路灯照明,道路越来越窄,路面坑坑洼洼。一声异响传来,车子突然往下滑,吓得吴女士连忙离开车辆,下车后才发现自己把车开到池塘去了。最终,在民警和其他救援人员的帮助下,吴女士的车子得以"重见天日"。这起导航事故并非个例,网上还有各种跟着导航开下台阶、开进禁行区域、开到断头路的行驶事故。在让人倍感愤怒的同时,也难免让人心生疑惑,导航地图什么时候能够更加精确呢?

技术科普

针对上述事故，高精地图可以很好地打消人们的疑虑。相较于普通的导航地图，高精地图包含了大量的道路信息，比如路标、交通灯、车道曲率、坡度等，所提供的数据更加细致和精准，避免司机"误入歧途"。

高精地图利用卫星定位、大数据分析等技术提供更加精准的定位服务，普通的导航地图通常精度大约为米级或10米级，而高精地图的坐标精度可以达到分米级甚至厘米级。与此同时，普通的导航地图通常只提供路网结构信息和粗略的几何点位置，而高精地图除了这些信息外，还会包含车道信息（车道线位置、类型，车道方向、车道交通限制信息等）、交通标志信息以及红绿灯、立交桥、龙门架等的位置信息。此外，高精地图会接入互联网，这意味着它能够实时反映交通事故、交通灯信号、车流密度等路况信息。

素养提升

近年来，我国高精地图行业发展迅速，但也面临不少问题。首先，当前高精地图的数据主要来自地图提供商和政府机构，随着道路建设和交通状况的不断变化，高精地图需要进行不断地更新和维护，否则，高精地图的可信度将大打折扣。其次，高精地图涉及的数据非常敏感和重要，一旦泄露并被不法分子掌握，将会危及国家和公共安全。为此，我国实行严格的测绘管理制度。目前国内具备测绘资质的企业十分稀少，且仅北京、上海、广州、深圳、杭州、重庆这六座城市具备高精地图采集权限。最后，高精地图测绘技术仍处于发展阶段，地图制作的成本非常高昂。根据清华大学、百度公司等编写的《2020智能网联汽车高精地图白皮书》显示，分米级地图的测绘成本达每公里10元左右，而厘米级地图的测绘成本高达每公里千元左右。

那么，高精地图和普通民众有什么关系呢？一方面，高精地图能够提供精准、详细的路线规划和导航服务，让我们"想去哪就去哪"。另一方面，高精地图还可以为城市规划和交通管理提供重要的数据支持。借助高精地图，城市规划和交通管理部门可以更好地了解城市交通发展全貌，做出科学、合理的决策，让城市发展更加美好，让百姓生活更加舒心。

22 认识路也需要开导航吗？

数字故事

小李与好友计划一同去外地游玩，由于路途较远，他们选择了包车前往。上车后，小李担心高速路上堵车，劝说师傅跟着导航开。但师傅却表示，自己对这条路"熟得不能再熟了"，作为多年老司机，经验比导航还靠谱。旅途的前半段一路畅通无阻，小李和好友不禁赞叹师傅经验老到。然而经过一个大转弯后，只见一辆辆汽车在前方排起了长队，密集的车流甚至一眼望不到头，三人都傻眼了。原来早在两个小时前，这条路就因交通事故出现了严重的拥堵。由于高速公路上没法掉头，小李一行人只能静候拥堵减缓。司机也不禁感叹，要是一开始就乖乖听导航的，或许现在早就到了。对此，我们不禁提出疑问，认识路也需要开导航吗？

技术科普

导航功能的实现依赖于收集到的足够多的实时路况信息，而实时路况信息的收集量又很大程度上取决于导航的同时在线使用人数。在提供导航规划服务前，导航软件首先会收集该用户的定位信息，并记录其他用户在同时段的行驶速度等，同时结合实时交通数据对当前的路面信息进行模拟判断。这就意味着，使用导航的人数越多，收集到的数据就越多越精确，就能更好地完成实时路况模拟，提供更加准确的导航服务。因此，使用导航在某种程度上属于一种"我为人人，人人为我"的集体奉献行为。

使用导航对于我们的出行可谓大有裨益。对于不熟悉路况的"新手"而言，导航能帮助其快速找到行车方向，避免落入"不知路在何方"的尴尬境地。对于熟知路线的"老手"而言，导航依然能发挥其独特功能，为驾驶者规划最优出行方案，避开拥堵路段，提高出行效率。借助导航系统的语音提示功能，我们能够及时注意到交通信号、路口、弯道等关键信息，提高行车安全性。此外，导航系统还会根据我们的喜好和历史记录，推荐沿途的餐厅和景点，丰富我们的出行体验。

素养提升

使用导航出行的好处多多，但不当使用也可能带来一定风险。根据《道路交通安全违法行为记分管理办法》等法律法规的规定，机动车驾驶人驾驶机动车不得有拨打、接听手持电话等妨碍安全驾驶的行为。在实际驾驶过程中，无论是使用车辆自带的导航软件还是手机导航APP，都需要用户用手去触屏操控，并且司机有时也需要移动视线查看导航情况，这一系列的操作也会带来安全隐患。那么我们应该如何安全地使用汽车导航呢？

　　首先，尽量优先使用车辆自带的导航系统，司机可以通过方向盘的按钮操作导航系统，而且部分车辆的抬头显示功能还可以减少手动操作，这样双手就可以不用离开方向盘、视线也不必离开正前方了。其次，尽量使用导航软件的语音助手功能。如果是使用手机上的导航APP，务必将麦克风权限打开，让司机可以通过语音控制导航软件。最后，副驾驶也应当做好辅助驾驶的工作，主动帮助司机操作导航系统，在岔路、会车时主动提醒司机。总之，道路千万条，安全第一条，使用导航本身也需要注意安全。

23 智能红绿灯如何缓解交通拥堵？

数字故事

相信许多人都有过这样的经历：站在斑马线对面，眼看马路上空无一车，却不得不忍受长达120秒的红灯；开车行驶到斑马线前，道路两侧没有一个行人，却不得不停车等待。近日，广州市交警利用指挥平台，对某路口车流量进行数据分析，在此基础上调整了信号灯变换时间。据技术人员跟踪发现，对比同时段、同路段的流量数据，经调整之后，该路口的拥堵情况得到了明显改善，车辆拥堵现象降幅超过四分之一。随着智能红绿灯的普及，相信在不久的将来，无论是行人还是车辆，都能在智能红绿灯的指挥下迅速安全地通过路口，甚至一路绿灯直达目的地。那么，智能红绿灯为何如此神奇？

技术科普

传统的交通信号灯由红灯、绿灯、黄灯组成，三色灯的变换时间是固定设置的。而智能红绿灯是一种先进的交通信号控制系统，三色灯的变换时间能够根据实时路况进行灵活调整，从而最大限度减少路口车辆的整体等待时间，提高交通效率。相较于传统红绿灯，智能红绿灯有如下特点。

第一，高效性。智能红绿灯能够实时监测交通流量和车辆行驶速度，与相邻红绿灯组成信息桥梁，对成片区域的交通状况进行整体分析、统一调度，减少传统红绿灯设备单独运行的弊端，提高城市整体交通水平。

第二，安全性。借助大数据和实时监控技术，智能红绿灯能够有效避免不合理亮灯时间造成的交通拥堵，保持道路畅通，降低前后车辆发生追尾事故的可能性。

第三，绿色环保。根据现有的汽车工艺，燃油车辆若在拥堵路段频繁地起步和刹车，会明显增加油耗。智能红绿灯能够有效缓解交通拥挤，减少车辆刹车和起步的次数，从而降低车辆耗能和尾气的排放，达到节能环保的效果。

素养提升

在忙碌的"上班早高峰"和"下班晚高峰",车辆拥堵的现象频繁出现,着急上下班的民众虽倍感焦虑却也无能为力。如果能够利用大数据平台对车流数据进行智能分析,及时调整拥堵路口的红绿灯时间,交通堵塞的情况便能得到有效缓解。

就目前来看,实现智能红绿灯的全面普及尚有一段距离。对此,可以从以下几个方面努力。第一,积极开展试点工作,探索包括智能红绿灯在内的公共智能交通设备的运营模式,根据实际情况,介入社会力量。目前,北京、上海、浙江、广东、福建等地已经开始试点运行工作。第二,推进相关技术标准的出台,为智能信号灯的具体场景应用提供指引和规范。第三,加强技术建设,保障智能信号灯设备安全运行。智能红绿灯不可避免地存在隐私泄露、黑客攻击、系统漏洞等技术风险,而且智能红绿灯直接影响公共交通安全,因此务必重视此类公共智能设备的网络安全问题。

诚然,目前智能红绿灯的普及工作整体还处于规划阶段,但随着基础设施的不断更新完善,智能红绿灯终将替换传统红绿灯,成为交通指挥"新的接班人"。相信这一天的到来,不会太遥远。

24 网约车发生事故，平台需要承担责任吗？

数字故事

有一天，王某使用某网约车APP打车出行。坐上网约车后，车辆途经一处十字路口，由于网约车司机张某注意力不集中，没有观察到侧后方来车，导致两车相撞，乘客王某不幸受伤。就医后，王某要求司机张某支付住院期间的全部治疗费用，以及因本次车祸受到的其他经济、精神损失。司机张某表示，自己目前经济能力有限，只能分期给付。王某以自己急需用钱为由，拒绝接受分期支付。双方无法就赔偿事宜达成一致，最终王某将司机张某与网约车平台一同告上了法庭。对此，我们不禁追问，网约车发生交通事故造成乘客受伤，网约车平台需要承担责任吗？

技术科普

网约车是一种随着互联网发展而出现的新型出行方式，凭借使用灵活、价格透明、等待时间可控等优势，成为了人们日常出行的重要方式之一。用户只需通过平台APP选择心仪的网约车服务，手指轻轻一点，便能预约用车，十分方便。相较于传统出租车，网约车在价格上更加公开透明，人们可以在软件上查看自己行车路线和收费情况。同时，平台还会实时更新网约车的行驶轨迹和抵达时间，让乘客清楚地知道自己还要等待多久。

与此同时，网约车的广泛应用也带来了交通事故的赔偿难题。对此，根据《民法典》《道路交通安全法》《网络预约出租汽车经营服务管理暂行办法》等法律法规，乘客乘坐网约车发生交通事故受到伤害的，应当由对交通事故发生负有过错的一方承担赔偿责任。如果是因为第三方的原因造成交通事故，那么乘客可以向第三方主张赔偿。如果网约车一方需要承担责任，那么乘客可以向网约车司机主张赔偿。与此同时，考虑到网约车平台作为组织者和管理者，对于网约车司机存在管理行为，如果其没有尽到管理职责，应当与网约车司机共同承担赔偿责任。

素养提升

对于绝大多数网约车来说，购买保险是解决交通事故赔偿的重要方式。根据调查，当前一辆私家车每年保险费用一般在

2000元到8000元之间，而一辆从事网约车服务的汽车，一年的保险费用则需要7000元到15000元不等。需要注意的是，对于想要从事网约车业务的司机来说，应当充分告知保险公司自己正在从事的具体网约车业务，按照对应的险种及时缴纳保险费用。如果司机隐瞒真实情况，比如出现货运车载客、客运车拉货这类情形的，一旦发生交通事故，保险公司有权拒绝赔偿。

  作为一名普通乘客，如果在乘坐网约车时不幸遭遇交通事故，首先应当及时采取措施确保自身安全，尽快报警求助，等待过程中可以拍摄事故现场照片、记录事故相关人员的联系方式等信息。然后，即刻与网约车平台的客服取得联系，告知对方事故情况，要求平台提供必要的帮助和支持。对于事故造成的损失，乘客可以依法向网约车司机和平台主张赔偿，也可以要求对事故发生负有责任的第三方承担赔偿责任。最后，要记得保存好事故现场照片、交通事故责任认定书、医疗记录等相关证据，以便于后续理赔。

25 "一键叫车"如何方便老年人出行？

第二编 数字出行

数字故事

家住上海市嘉定区的陈阿姨，今年79岁，正打算出门去一趟女儿家。由于家里没有其他年轻人指导，陈阿姨又不好意思麻烦路人，加上安全意识高，不愿让陌生人捣鼓自己的手机，所以陈阿姨每次都是在路边等待出租车。但是每次等车的时间实在是太长了，令陈阿姨很是苦恼。幸运的是，自2021年起，上海启动了"一键叫车"智慧屏进社区项目。现在，陈阿姨只需要走到小区门口，点击屏幕中央的叫车按钮，输入手机号码，很快就有车辆接单了。陈阿姨开心地说："我们年纪大了，打车软件不会用。有了这个设备，只要刷脸或者用手机就可以预约，方便很多！"

技术科普

近年来，网约车的出现大大便利了人们的出行生活，手指轻轻一点，网约车就如约而至。但是，我们却常常忽视了老年人群体，他们似乎并没有享受到网约车带来的便利。日常生活中，老年人一般不太擅长使用智能手机和打车APP，需要出门时仍然习惯线下打车。然而，由于线上打车服务的普及，很多时候看着是空车，但实际上已经被其他乘客通过线上打车的方式提前预约了。如果再碰上刮风下雨等恶劣天气，网约车的订单暴涨，老年人就更难打到车了。

2020年11月15日，国务院办公厅印发《关于切实解决老年人运用智能技术困难的实施方案》，明确要求"优化老年人打车出行服务"。而"一键叫车"正是落实这一要求的体现。实际情况中，"一键叫车"的形式十分多样，比如故事里的固定智慧屏、打车APP或者小程序里面的"一键叫车"功能。此外，根据交通运输部办公厅印发的《关于加快推广应用95128出租汽车约车服务电话号码的通知》，95128约车服务电话号码是全国通用的免费约车热线，老年人无论在哪里，只需要记住并拨打这个号码就可以约车了。这些简便、快捷的约车方式，让老年人真正享受到数字技术发展带来的便利。

素养提升

"一键叫车"技术充分考虑到了老年人群体视力、记忆力衰退等身体状况,以及不擅长操作繁琐复杂的手机应用程序等特点,进行了充分的适老化改造,因此老年人使用起来并不会感觉特别麻烦。以"一键叫车"智慧屏为例,需要打车的老年人无需另外下载APP,只需打开支付宝、微信或者高德地图等常用APP,点击主页面右上角的摄像头图标,扫描"一键叫车"智慧屏上的二维码,即可开始享受打车服务。在这个过程中,老年人不需要手动输入起点和终点。网约车会自动定位并前往上车点,到达后司机也会当面询问老年人目的地。

在现实生活中,为了更好地帮助老人使用打车服务,"一键叫车"智慧屏大多安装在小区门口的门卫室附近,安装完毕后会统一对物业人员进行培训。物业人员会在老年人操作遇到困难时提供协助和指引,并在机器发生故障时第一时间发现和报修。老人在等待出租车的时候,可以在门卫室里歇脚聊天,不用长时间辛苦地站着等车。总之,"一键叫车"智慧屏的普及,为老年人提供了更加人性化的叫车服务,让他们实实在在地感受到科技进步带来的好处。

26 开车途中屏幕突然"弹窗"怎么办?

数字故事

2022年9月,一名一汽大众的车主在使用车机导航系统时,屏幕突然弹出了一条广告。该广告内容为推荐购车信息,并且严严实实地遮挡了导航页面。同月,一位奔驰车主反映,在车辆行驶过程中,她的车机导航界面突然出现了一条弹窗广告。根据她提供的图片可以看到,该广告内容是奔驰新车预售的宣传,同时该弹窗广告也挡住了导航画面中非常重要的限速和路况信息。弹窗的关闭按钮较小,又位于离驾驶员较远的屏幕右上角,导致关闭弹窗极不方便,严重影响了车辆的行驶安全。对此,我们不禁想要追问,在开车过程中,这些不请自来的弹窗广告可以关闭吗?

技术科普

随着数字时代的到来，各大车企都在致力于为汽车配置各种高科技设备和技术。一方面，液晶屏幕越来越大，像是把多年前的大彩电屏幕搬进了驾驶舱。另一方面，车机屏幕的显示信息越来越多，功能也越来越丰富。这既给用户提供了操作便利，又带来了新奇的人机交互和智能网联体验。而对于车企来说，车机屏幕堪比手机屏幕，同样都能给用户不断带来流量信息，因而具有极高的广告价值。

然而，对于车辆而言，安全是第一要求。在车辆行驶过程中，中控屏幕出现大面积弹窗，很大程度上会影响驾驶员正常识别路线，且突然弹出广告本身就会使驾驶员分心，更别说还需要驾驶员去手动关闭广告，这其中的安全隐患不言而喻。因此，中控屏幕弹窗广告问题的频繁出现，暴露出的不仅仅是车企对汽车产品质量的忽视，更是对车辆行驶安全的漠视。

素养提升

如果说手机上、电脑里的弹窗广告已经让人不胜其烦，那么汽车中控弹窗则直接关乎行车安全，对此人们需要保持高度警惕。面对越来越肆无忌惮的弹窗广告，《人民日报》就曾刊载文章指出，"行车安全底线不能突破"。

一方面，有关部门应当加强对弹窗广告的监督管理。2022年9月，《互联网弹窗信息推送服务管理规定》正式实施，要求弹窗广告应当具有可识别性，显著标明"广告"和关闭标志，确保使用者可以一键关闭。法律法规的完善既是对弹窗管理方向性的指引，更是为弹窗治理划定了监管的红线，督促车企在弹窗设计上更加规范合理。

　　另一方面，面对弹窗广告，作为普通用户的我们又应当怎么办呢？对此，奔驰客服曾做出回应，如果车主下载了某软件，而该软件与奔驰有合作，那么下载了该软件的车辆就会有广告弹出，若要拒绝弹出，车主只需要在系统中选择关闭广告即可。也就是说，我们可以事先在系统设置中关闭"广告弹出许可"，或者采取及时关闭第三方软件的方法，避免在驾驶途中屏幕出现弹窗广告。

27 NFC卡有什么用？

数字故事

在乘坐地铁时，你会选择使用微信或者支付宝购买地铁票，还是手机NFC卡？对于无法熟练使用智能手机的李奶奶而言，她更愿意用现金购买地铁票。一天，李奶奶发现，支持现金购票的自助售票机因故障在维修，这让习惯于现金支付的她不知该如何是好。最后，在地铁工作人员的帮助下，李奶奶开通了手机钱包，直接使用NFC功能购买了地铁票，并顺利通过闸机。有了这次经历后，李奶奶发现，原来手机NFC卡比现金购票方便多了。随着NFC技术的发展与普及，原本"出门必带"的门禁卡、公交卡、银行卡等等，现在都可以通过"卡片模拟"技术或者手机钱包APP完成手机端口的绑定。对此，我们不禁追问，NFC卡到底有哪些用途？

技术科普

NFC的英文全称是Near Field Communication,中文可以理解为"近距离的无线通信",这是一种可以实现短距离、高频次无限通信的技术手段。具体而言,NFC技术可以应用于具有近距离无线通信功能的电子设备之间,使两个设备能在彼此靠近而不完全接触的情况下进行数据传输。

目前,NFC技术主要存在以下三种常用的通信模式,即"只读""读写"和"点对点通信"。在只读模式下,日常使用的门禁卡、校园卡等卡片都可以被模拟复制进智能手机。复制成功后,出门只需要带上手机,并且打开NFC功能,就可以使用相关卡片,从而避免随身携带大量卡证的不便。在读写模式下,NFC不仅可以实现对实体卡片信息的读取,还可以完成对卡片内部信息的进一步改写。例如,在乘坐公交车时,只需要打开NFC功能,并将手机靠近感应圈的位置,乘客就可以快速完成车费支付。在点对点的通信模式下,各个NFC用户之间可以实现文件的快速传递,相比传统的蓝牙传输,NFC为用户带来了更为迅速便捷的数据传输体验。

素养提升

　　出于设备携带便利的考虑，使用者往往更青睐于在智能手机上使用NFC技术。实际上，平板、电脑等电子设备也同样具备NFC功能。这样的好处在于，即便在没有网络环境的情况下，NFC功能也可以实现两个设备"背靠背"地数据传输，很好地解决了无网可用时手机文件无法传输的尴尬。

　　当然，NFC技术并非完美无瑕。一方面，NFC功能受到连接距离的限制，在技术层面上无法完全超越传统的蓝牙传输距离。具体而言，NFC的有效感应距离仅为10至20厘米，一旦超出该距离，就无法进行数据的有效传输。另一方面，NFC技术存在一定的安全隐患。例如，手机丢失后，NFC功能不会自行关闭。这也就意味着，捡到手机的人仍然可以通过NFC完成电子支付。因此，开启NFC功能的用户在丢失手机后，应当尽快完成绑定卡证的挂失，避免损失进一步扩大。

第三编
数字家庭

28 "青少年模式"如何保护你的孩子？

数字故事

2021年8月6日，北京市海淀区人民检察院发布公告称，微信产品的"青少年模式"功能不符合《中华人民共和国未成年人保护法》①相关规定，侵犯未成年人合法权益，涉及公共利益，拟提起民事公益诉讼。当天深夜，腾讯公司发文表示，将自检自查微信产品的"青少年模式"，诚恳应对民事公益诉讼。2022年11月，共青团中央维护青少年权益部和中国互联网信息中心联合发布《2021年全国未成年人互联网使用情况研究报告》，显示有91.6%的家长知道"青少年模式"，但设置过此模式的未成年人和家长不到五成，有四成家长认为"青少年模式"的防护效果不够明显。这不禁让人思考，"青少年模式"究竟能不能保护未成年人健康上网？

---

① 下称《未成年人保护法》。

技术科普

"青少年模式"是在国家互联网信息办公室的指导下,于各视频、社交、直播、游戏等网络平台上线的青少年防沉迷系统,主要包括时间限制、功能限制以及内容限制。

第一,时间限制。未成年人对短视频和网络游戏普遍自制力较低,如果不加以引导和限制,非常容易沉迷其中。在时间限制的方式上,一种是限制每日在线时长,另一种是限制未成年人在睡眠休息的晚间时段、非法定节假日的学习时段进行使用。

第二,功能限制。这主要是考虑到未成年人心智不健全,容易进行冲动消费、不良交友,此时"青少年模式"会屏蔽APP中不适合未成年人使用的软件功能,如充值、打赏、交友等。

第三,内容限制。对于视频、直播、音乐等主打内容创作的应用软件而言,内容限制是重中之重。"青少年模式"开启后,APP将会为未成年人用户规划专属的内容池,不会推送涉及暴力、犯罪、迷信、惊悚、性暗示等不利于青少年健康成长的内容。

素养提升

实际情况中,"青少年模式"存在不少问题。例如,部分APP开启"青少年模式"后,没有根据不同年龄段的未成年人提供对应适龄的内容。一些未成年人用户为了绕过实名认证环节，使用"游客模式"，然而该模式在内容推送上与一般模式没有太大的区别。针对"青少年模式"存在的问题，2023年8月，国家互联网信息办公室就《移动互联网未成年人模式建设指南（征求意见稿）》向社会各界征求意见，其中将"青少年模式"全面升级为"未成年人模式"；对未成年人按照年龄进行划分，APP要为未成年人提供适宜其分龄的内容服务；"未成年人模式"的覆盖范围由APP扩大到移动智能终端、应用商店，从而实现软硬件联动，筑牢未成年人网络保护的"三重防线"。

让未成年人从"小屏幕"回归到"大世界"，需要国家、社会和家庭的共同努力。网络平台要严格落实国家的政策文件，按照要求改造升级"青少年模式"，不能一味为了追求经济利益而让"青少年模式"流于形式，甚至诱导未成年人进行消费。与此同时，家长应当给予孩子更多的关注和陪伴，以身作则，引导孩子培育合理使用互联网的正确观念，给孩子树立行为榜样。

29 未成年人可以当网络主播吗？

第三编 数字家庭

数字故事

2023年2月，南京市某派出所的值班民警接到了一个特殊的报警求助电话。市民刘先生向警方求助，称上初中的儿子不想上学，一心惦记着要当游戏主播赚钱。民警上门见到小刘后，并没有急着批评，而是对其展开了耐心的劝导。民警告诉小刘，当主播不是一件简单的事，一名优秀的游戏主播对游戏、心理、法律、人际交往等各个方面都有很高的要求，非常考验一个人的综合素质。如果初中都没读完就贸然进军直播界，很有可能只是一个人气不高的小主播。民警的理性分析逐渐打消小刘的抵触情绪，最终小刘意识到自己的不足，并写下了重返校园认真学习的保证书。对此，我们需要思考的是，未成年人可以当网络主播吗？

089

技术科普

网络主播是指在互联网节目或者活动中，参与内容策划、屏幕录制、观众互动、秩序维护等工作的人员。网络主播按照内容可以分为秀场主播、游戏主播和其他主播，其中，秀场主播一般以展示个人才艺为主，比如表演唱歌、乐器、相声等。游戏主播主要是对不同类型的游戏进行实况操作展示，一般会固定展示一款或者几款热度比较高的游戏，从而稳定吸引特定的游戏玩家前来观看直播。其他类型的主播虽然相对数量较少，但范围涉猎非常广泛，比如美食主播、学习主播、户外主播等等。

网络主播的收益主要来自观众的充值打赏，打赏金额由主播与直播平台分成。除此之外，还可能会有"公会"的佣金、商家的广告费等收入。成为一名网络主播的门槛不高，不需要专业的设备和标准化的录制场景，用户在平台注册账号之后，只需一台保持网络通畅的智能手机就能满足开播的硬件要求。此外，网络主播没有学历和技术的门槛要求，使得直播行业的竞争非常激烈。人气较高的大主播往往有自己独特的直播风格，能够准确捕捉观众的情绪，调动直播间的气氛，其背后可能还有平台的流量助推。

素养提升

未成年人是否能当网络主播呢？根据国务院发布的《禁止使用童工规定》，未满16周岁的未成年人从事网络直播活动，属于网络平台违法招用童工的情形，网络平台需要承担相应法律责任。同时，《未成年人保护法》《网络直播营销管理办法（试行）》《网络表演经纪机构管理办法》《关于规范网络直播打赏　加强未成年人保护的意见》等法律政策规定，未满16周岁的未成年人禁止从事网络直播行为，已满16周岁但未满18周岁的未成年人，必须在征得监护人同意的情况下，才能进行网络直播。

网络直播丰富了大众的精神生活，也为每个人施展才华、展示个性提供了一个高效便捷的舞台。对于处在青春期的未成年人来说，网络直播有着巨大的吸引力。然而，过早沉迷网络直播并不利于未成年人的成长。如今回看那些曾经风靡网络的"网红儿童"，不少人都会发出"孩子的眼神没有纯真""已然变成了父母的敛财工具"等感慨。诚然，并非所有孩子都喜欢读书，都善于读书，但学校带给孩子的不仅仅是知识，还有习惯、思维、品德等方面的养成和塑造。过早地让未成年人在网络中曝光自己，并不利于他们的健康成长。

30 如何利用数字科技育儿？

数字故事

　　网络博主"牛牛妈"是一位"宝妈"。和许多幼龄儿童一样，她的孩子牛牛有一些坏习惯，比如随便捡地上的东西吃、缺乏时间意识、时不时搞破坏等，这一直困扰着牛牛妈。起初，牛牛妈借了几本幼儿读物，希望牛牛可以改掉坏习惯，但牛牛对幼儿读物根本不感兴趣。在孩子心中，能够在绘本读物里面看到自己披荆斩棘、勇斗恶龙，是一件非常酷的事情。牛牛妈希望将牛牛虚构成旅行大冒险的主人公，让孩子身临其境地感受到坏习惯带来的不利影响。于是，牛牛妈利用一款热门的生成式人工智能软件 ChatGPT 以及 AI 绘画软件 Midjourney，成功地将牛牛融入到大冒险故事绘本之中。从那以后，牛牛的阅读兴趣被激起，在生活中也逐渐改掉了原来的那些坏习惯。

技术科普

"望子成龙,望女成凤"是很多父母的愿望,如何借助数字科技让孩子赢在起跑线上,这已然成为新手爸妈们的人生必修课。数字技术在育儿中的应用,主要有以下几种。

第一,智能监测。例如,婴儿监测仪可以实时监测婴儿的体温、心跳、呼吸等生理指标,部分监测仪甚至还能够分析婴儿的哭声,判断出宝宝饥饿、疼痛、受刺激等情绪状态,从而引导父母有方向性地进行喂食、就医、安抚等活动。

第二,智能喂养。智能奶瓶、智能辅食机等设备能够根据婴儿的年龄、饥饿状况和营养需要,自动调整食量和配方,让"奶爸奶妈"们不再为"这次应该冲多少奶粉"而发愁。

第三,睡眠监测。儿童智能闹钟、智能婴儿床等设备能够记录婴儿的入睡时间、睡眠深度等信息,还具备自动摇篮安眠、睡前小故事讲述等提升婴儿睡眠质量的功能。这既可以帮助父母了解宝宝的睡眠情况,又减轻了陪伴孩子入睡的带娃压力。

第四,智能玩具。智能玩具结合了语音互动、虚拟现实和增强现实技术,能让宝宝"身临其境"地感受大自然的风景、聆听动物的声音,感受智能玩具带来的巨大魅力。

素养提升

数字科技对婴幼儿身心健康的成长、良好习惯的培养提供了技术支持，同时也大大减轻了父母的育儿压力。然而，利用数字科技育儿也存在一定的风险，比如过度收集婴儿信息、不良内容的误导等。面对这些潜在的风险，《民法典》《个人信息保护法》《未成年人保护法》《互联网信息服务深度合成管理规定》等法律法规及时做出了回应，对数字科技的合理应用以及未成年人的特殊保护予以全方位的规定。

想要利用数字科技辅助育儿的"奶爸奶妈"们，应该注意以下事项。第一，选择正规厂家生产的数字产品或者服务，在使用前仔细阅读使用说明，充分了解数字产品或者服务存在的风险以及应对措施。一旦发现有不良影响出现，应当及时干预，保障宝宝的身心健康。第二，数字产品或者服务不是越多越好，不要盲目跟风购买，要选择适合自家宝宝的产品或者服务。第三，需要认识到数字科技只是一种工具，不能代替父母的陪伴、关爱和引导。

31 在元宇宙中结婚是什么体验?

数字故事

2022年10月,深圳某网络公司的"90后"董事长小李,以自己的婚礼为原型举办了一场"元宇宙婚礼"。这场别开生面的元宇宙婚礼,利用数字孪生、游戏开发、图像引擎等多种技术,对线下的实体酒店、婚宴场景进行了全方位还原。在这个唯美的虚拟世界里,新人夫妇借助专属定制的数字人形象相互传递爱意、交换信物、立下誓言。宾客也可以通过虚拟世界体验到前厅迎宾、新人入场等婚礼流程,还能够点击"鼓掌""放礼炮""放烟花"等按键为新人捧场。随礼也不再是给现金红包,而是以充值虚拟金币的方式送出。对此,有网友表示,元宇宙婚礼"时尚感、氛围感、科技感拉满",但也有网友认为这一形式"平平无奇"。那么,元宇宙婚礼到底值不值得推荐呢?

> **技术科普**

元宇宙的应用场景非常广泛，其本质是对现实世界的虚拟化和数字化，是利用数字技术对现实世界的复刻与想象。元宇宙本身并不是某项新技术，而是综合运用了一大批现有的前沿技术，如5G、区块链、数字货币、人工智能、云计算、虚拟现实、物联网、人机交互等。

以元宇宙婚礼为例，借助3D图像处理、动作捕捉、虚拟演播等技术，新人和亲友可以创建与真人相匹配的虚拟数字人，这样就可以在线上完成祝贺、聊天、拍摄等一系列操作。相较于在现实世界置办一场婚礼，元宇宙婚礼的经济成本更低，而且新人的各种天马行空的婚礼创意也能得以最大程度的实现。比如，将婚礼场景设置为背靠碧海蓝天的沙滩，或者富丽堂皇的城堡宫殿，甚至还可以将已逝的亲友复刻为虚拟数字人，让其前来献上祝福等等。

素养提升

元宇宙婚礼具有节约婚礼成本、打破时空限制、灵活自由设计等显著优点，但在元宇宙中举行过婚礼仪式并不意味着新人就此形成了法律承认的婚姻关系。根据《民法典》以及国务院《婚姻登记管理条例》的规定，男女双方要建立具有法律效力的婚姻关系，必须要到民政管理部门办理婚姻登记。至于婚礼是否举办以及如何举办，取决于新人的意愿和当地习俗。实际上，在元宇宙里结婚只是将原本在现实世界中举办的婚礼转移到了虚拟世界，不能替代合法的婚姻登记手续。

尽管如此，对于追求个性的年轻人来说，元宇宙婚礼带来的科技感、沉浸感是独一无二的，也是在现实世界中举行婚宴所不能比拟的。与此同时，元宇宙婚礼还可以打破时空地域的限制，让分散在各地的亲戚朋友都能方便地参与其中，减少了参加婚礼的时间、金钱等成本，有效避免"礼到人不到"的尴尬情况。根据"36氪后浪研究院"发布的《2022未来恋爱白皮书》显示，在1303位受访者中，45.89%的人认为，若干年后元宇宙婚礼将成为年轻人的婚礼首选。如果你也想要一场难忘的婚礼，可以联系提供元宇宙服务的网络公司，提出自己的婚庆需求，在元宇宙中实现自己的婚礼愿望。

32 爱上虚拟主播算出轨吗？

> **数字故事**

李先生与黄女士结婚已经十年了。然而，两人和谐稳定的家庭生活，最近却被一位特殊的"第三者"打破。有一天，李先生在某视频网站观看直播时，第一次见识了虚拟主播。在众多主播中，李先生被一位形象为金发可爱少女的虚拟主播所吸引，据李先生所言，"有一种找回初恋的感觉"。此后，李先生为了与这位虚拟主播互动，不惜重金打赏。作为妻子的黄女士，很快发现了丈夫的异样，并知道了李先生为了"追求"虚拟主播而出手阔绰，几番交流之后，李先生依旧如此。最终，黄女士选择了向法院起诉离婚，并向李先生请求损害赔偿。原本相敬如宾的夫妻二人最终对簿公堂，这不禁让人思考，爱上虚拟主播算不算出轨？

技术科普

虚拟主播是一种新兴的直播类型,在直播内容上与一般的主播没什么区别,包括但不限于才艺展示、游戏实况、交流谈心等,其最大的不同之处在于,虚拟主播不展示真人形象,而是以一个虚拟形象作为其呈现方式,因此这个虚拟形象又被称为"皮套"。有的虚拟形象是完全由AI操控的,直播内容、观众互动全部由AI完成,比如2016年诞生于日本的"绊爱"。而有的虚拟形象则是由真人在幕后进行配音,直播和互动也都是由真人完成,这个真实操控者又被称为"中之人"。当前,绝大多数虚拟主播都属于第二种。

部分虚拟形象为了更加逼真,会使用动作捕捉技术。具体来说,就是负责配音、直播的"中之人",在四肢和脸部等部位穿戴传感器,然后通过光学动作捕捉系统对"中之人"的表情、神态、动作等身体信息进行定格处理,并将这些动作数据即时传输到虚拟角色上。如此一来,虚拟形象就能呈现出逼真的神态和动作,从而进一步增加虚拟形象的吸引力。而虚拟主播的一大特点,就是借助虚拟形象营造出朦胧感和神秘感,让观众不自觉地将虚拟形象代入为主播的真实形象,一定程度上满足了观众的幻想。

素养提升

　　爱上虚拟主播算不算出轨呢？所谓的出轨，指的是夫妻一方违反忠实义务，与其他异性发生不正当关系。根据生活中流行的说法，出轨又分为肉体出轨和精神出轨。从这个角度看，李先生爱上虚拟主播的行为似乎可以理解为精神出轨。然而，依照《民法典》的规定，我国离婚标准采取的是感情破裂原则，在没有重婚、与他人同居等情形时，出轨行为需要导致感情破裂，方能构成离婚的事由。此时，无过错方可以要求出轨一方承担损害赔偿的责任。上述故事中的李先生与黄女士之间是否属于感情破裂，需要法院进行综合判断。此外，李先生未经黄女士的同意，对虚拟主播大额打赏，属于"挥霍夫妻共同财产"的行为，在离婚分割夫妻共同财产时，对李先生可以少分或者不分。

　　总之，虚拟主播带来的恋爱感觉并不真实，与其说李先生爱上了虚拟主播，不如说只是沉迷在自己的幻想之中。我们应当珍惜眼前人，不要模糊了虚拟与现实的界限。

33　夫妻离婚，自媒体账号该归谁？

数字故事

杨先生在结婚之前就运营着自己的自媒体账号，但一直不温不火。结婚之后，妻子徐女士为丈夫的自媒体账号的运营出谋划策，并亲自参与了文案、摄影、出演、后期制作等工作，高质量的视频内容使得账号粉丝猛涨到50万。然而，二人的幸福生活没能持续下去。在离婚协议中，杨先生与徐女士就房屋、车子以及子女抚养问题已经达成共识，但对于拥有50万粉丝的自媒体账号，双方却存有争议。杨先生认为，自媒体账号是自己实名注册的，而且在婚前就已经运营了，不属于夫妻共同财产。徐女士则反驳，如果没有她的努力和付出，这个自媒体账号根本就不可能有这么高的人气。那么，夫妻离婚时，自媒体账号究竟该给谁呢？

> 技术科普

　　自媒体账号是指由个人或者团队运营的社交媒体账号，运营者通过创作内容、分享信息等方式吸引粉丝，粉丝越多，账号影响力越大，也就意味着自媒体账号的经济价值越高。自媒体账号的种类非常多样，包括微信公众号、快手号、抖音号、B站up主、小红书账号等。从法律角度来看，自媒体账号具有显著的经济价值，属于《民法典》规定的网络虚拟财产。因此，自媒体账号可以纳入夫妻共同财产的范畴，在离婚时需要进行财产分割。

　　对于自媒体账号的归属，需要考虑网络运营方的规则。目前，大部分自媒体账号的"用户协议"都会约定账号的所有权归属网络运营方，用户只享有使用权，并且限定注册人和使用人必须为同一人。这类约定涉及格式条款的效力判断问题，内容是否有效，不能一概而论。在司法实践中，法院倾向于将离婚后的自媒体账号的使用权判决给注册人一方。在此基础上，法院会结合自媒体账号的实际运营情况、历史收益、未来发展等因素，酌情给另一方以经济补偿。

素养提升

夫妻双方离婚时，如何避免或者解决有关自媒体账号的权属争议呢？具体有以下几点。

首先，在注册自媒体账号时，需要认真浏览网络平台的用户协议，对于不合理限制账号权属的"霸王条款"，或者表述含糊不清的"文字游戏"，可以选择向消费者协会投诉、向市场监督管理部门举报、向法院起诉等方式，有效维护自身的合法权益。

其次，夫妻双方在离婚时可以对自媒体账号的价值和归属进行充分的协商，尽量避免因为争夺账号而引发不必要的纠纷。对此，夫妻双方可以对自媒体账号的使用、收益等事项进行协商约定，灵活选择按份共有、共同共有等不同方案，以最大限度尊重双方的真实意愿。

最后，离婚后一方继续使用自媒体账号时，需要注意保护另一方的隐私、个人信息以及其他人身财产权益。比如，分享恋爱日常或者婚姻生活的网络博主，当双方结束合作关系后，发布的内容若涉及对方个人信息时，需要征求对方的同意才能继续使用，否则应当及时删除。

34 在家如何进行"数字运动"？

数字故事

2020年，居家成为了所有人的生活主题，办公、上学、购物、运动这些日常生活全部都在家里进行，在外贸公司上班的小张也不例外。为了保持和提升自己的高尔夫球技术，小张在网上购置了一款室内家庭版的高尔夫球模拟器。成功安装之后，小张面对着一块大型显示屏，在击球之后，球打在墙壁上就落地了。由于球杆上装有高速摄像传感器，显示屏能够同步显示球的运动轨迹，跟随着球的飞行视角，可以看到高尔夫球飞过小草丘和湖面的场景，就像在球场挥杆一样真实。不仅如此，这款高尔夫球模拟器还支持多人竞技，让小张足不出户就可以跟客户在线上切磋球技。那么，数字技术是如何让我们在家进行运动的呢？

技术科普

生命在于运动，但是不少人因为时间受限、天气欠佳、健身房距离较远、没人指导等原因未能坚持锻炼。如今数字运动技术可以帮助我们养成坚持锻炼的好习惯，那么，数字技术是如何赋能体育运动的呢？

首先，数字运动可以让我们随时随地进行不同的体育项目。借助5G、虚拟现实、增强现实和全息投影等技术，羽毛球、网球或者高尔夫球这些活动占地大的体育项目，全部都能"搬"到家里来。只需要稍微挪动一下家具，就可以在家里尽情享受大型体育运动的乐趣。

其次，数字运动可以提供科学的个性化体育指导。目前各种智能感知设备，如智能体测仪、运动传感器、体育摄像头等，可以实时监测用户的姿势、心率，进而统计出消耗的卡路里、增肌量等数据。用户不需要聘请专业的运动教练，通过智能设备就能为自己量身打造出一份专属的健身运动计划。

最后，数字运动能够让我们在锻炼时跟朋友互动。数字运动技术融合了互联网、物联网和元宇宙技术，用户既可以选择独自锻炼，也可以选择在线多人竞技。

素养提升

2019年9月，国务院办公厅发布《关于促进全民健身和体育消费推动体育产业高质量发展的意见》，明确提出推动智能制造、大数据、人工智能等新兴技术在体育制造领域的应用。2021年7月，国务院印发《全民健身计划（2021—2025年）》，再次提出推进体育产业数字化转型，鼓励体育企业"上云用数赋智"，推动数据赋能全产业链协同转型。

当前，数字技术赋能运动可谓是全方位的，无论是室内项目还是室外项目，锻炼运动还是身体监测，数字技术都有"用武之地"。作为消费者，我们要根据自身的实际需求，结合身边的环境条件来选择不同的数字运动项目。如果是安置在商场的数字运动体验馆，就要更加注重体育项目的娱乐性。如果只是家用，则需要充分考虑实用性，即便空间非常有限，消费者也可以选择穿戴式运动设备、智能健身镜等占地小的数字设备。

总之，数字运动技术很好地满足了大众的运动需求，也为全民运动、全民健身提供了技术支持。但数字技术终归不能代替我们真实的运动方式，体育锻炼最终还得要我们自己动起来，这样才能收获强健的体魄和饱满的精神。

35 你家的网络升级到 IPv6 了吗？

数字故事

"宝贝，我今晚要加班，周末再陪你。""爸爸，妈妈，我期末考试拿了第一名！""这周日有同学聚会，你参加吗？"这些日常信息每天大量传输于互联网，它们究竟是如何准确无误地到达指定用户的电子设备的呢？每一台手机、电脑等终端设备都有自己的 IP 地址，IP 地址就好比现实世界里的门牌号，能够让互联网上的信息准确送达每家每户。随着越来越多的用户接入互联网，而 IP 地址具有唯一性，互联网世界开始变得"拥挤"。2021 年，全球使用网络的人数已达 46.6 亿，IPv4 的地址库即将耗尽。为了应对急剧增加的网络连接数和流量，IP 协议进行了升级，IPv6 由此诞生。

技术科普

　　IP协议是互联网的基础协议，是计算机连入互联网时所遵守的一系列规则。IP协议中有一个非常重要的内容，就是根据一定的标准和方法划分IP地址，然后分配给所有联网的网络和主机。以前使用最广泛的是IPv4，即第四代互联网协议。现在出现了IPv6，即第六代互联网协议。与IPv4最大的不同在于，IPv6能够提供的IP地址数量非常之多。IPv4下的IP地址长度为32，最大地址数为2^{32}，而IPv6下的IP地址长度为128，最大地址数为2^{128}。因此，有人生动地形容，地球上的每一粒沙子都能分配一个IPv6地址。

　　除了增加IP地址，IPv6对我们的日常生活还有什么影响呢？首先，IP地址的增多，意味着IPv6能够支持更多的设备联网。这使得空调、智能开关、扫地机器人等智能家居可以实现一键管理，让"物联网"成为可能。其次，IPv6有着更高的安全性，用户和服务器之间的通信更难被破解，以此可以有效保障互联网用户的个人信息和隐私安全。最后，IPv6的网络速度和质量会有显著提升，能够大大降低网络延迟，满足人们对于视频、游戏等高带宽应用的需求，还能够更好地支持自动驾驶、无人机等对网络质量要求极高的技术应用。

素养提升

由于历史原因，我国IPv4地址总量较少，较先面临地址短缺的问题。推进IPv6规模部署，是破解我国互联网深层次发展难题的要求，也是我国超越欧美等发达国家，抢占下一代互联网发展主动权的重大机遇。因此，我国一直非常重视IPv6的改造工作。对此，中央相继发布了《推进互联网协议第六版（IPv6）规模部署行动计划》《深入推进IPv6规模部署和应用2023年工作安排》等重要文件。

那么，家庭网络如何跟上IPv6的发展节奏呢？IPv6需要宽带网络环境、光猫、路由器、终端设备（电脑、电视、手机等）、应用软件的协助，也就是说，只有在网络、媒介、接收设备和应用程序都支持IPv6的情况下才能使用。一般来说，光猫通常都支持IPv6。而目前大部分电脑和智能手机以及应用程序，基本都能连接IPv6网络。限制家用IPv6的主要原因在于网络环境和路由器。对于网络环境问题而言，我们可以通过升级宽带网络来解决。目前，移动、联通、电信三大运营商也在大力推广IPv6网络。而对于不支持IPv6的路由器来说，我们可以直接更换适配IPv6的路由器，比如华为、小米等品牌的路由器。

36 数字技术如何帮你养宠物？

数字故事

"95后"女孩小黄，在大学毕业后选择留在了北京，成为了"北漂"一族。因为父母和朋友都不在身边，加上自己从小就喜欢猫，于是她先后领养了5只猫咪。在刚开始养猫的时候，小黄上班之余的生活，不是忙于处理猫粮猫砂，就是频繁奔波在宠物医院和家之间，养宠的热情被逐渐消磨，小黄一度心生弃养的念头。在今年7月份，小黄出差碰巧赶上了当地举行的宠物博览会，除了展示各类品种的宠物，博览会还展示了能够自动"铲屎"的智能猫砂盆、定时投喂的饲料机以及管理猫咪饮水量的流动饮水机等养宠"黑科技"，小黄于是选购了几样心仪的产品。随着"黑科技"的使用，小黄真正享受到了养宠物带来的乐趣。

技术科普

数字技术给人们喂养宠物带来了哪些变化？第一，宠物硬件产品的智能化水平提高。目前市面上的智能喂食器、智能饮水器都会配置定时定量投喂、一键远程操控等基本功能，智能猫砂盆还能够通过猫咪的大小便信息，检测出潜在的健康风险。

第二，帮助宠主打破信息差。据调查，许多宠主在宠物生病时不愿意去宠物医院，背后的原因在于担心被店主"宰客"。AI智能问诊可以联动线下宠物门店，开展宠物基因检测、宠物传染病防治、老年宠物呵护、人宠共患病筛查等项目的体检服务，为健康养宠保驾护航。

第三，有助于解决宠物遗失问题。据粗略统计，我国流浪动物数量约4000万只，其中猫和狗占了绝大多数。流浪动物除了自然繁衍以外，还来自于宠物主人的弃养和遗失。对此，鼻纹识别技术可以为宠物生成一张专属的身份证，从而有效预防和解决宠物的遗失问题。

素养提升

目前，智能宠物设备市场发展迅速，消费者的选择亦十分丰富。在选择智能设备时，消费者应该充分了解设备的功能和具体用途，分辨出那些打着"智能""智慧""数字"等旗号的伪智能产品。为了避免爱宠遗失，宠主可以为自家宠物定制一张专属的身份证。目前使用人数较多的是支付宝的宠物功能。宠主可以打开支付宝，在搜索界面输入"蚂蚁宠物"，就能在主页面为爱宠制定专属身份证。但该系统暂时只支持猫和狗两种宠物类型，其他类型的宠物，如鸟类、水族、爬宠等还无法使用该功能。

当然，无论宠主们是"古法"养宠，还是科技养宠，都应当遵守《民法典》《中华人民共和国动物防疫法》以及本地的饲养管理条例，拒绝遗弃和虐待宠物，做到合法文明养宠。与此同时，数字技术的应用还会对宠物服务行业带来新的挑战和机遇，这需要宠物工作者们提供更高质量、更具有温度的宠物服务。此外，数字技术让养宠更加省时省力省心，但宠主们别忘了多和家里的宠物互动，多亲近陪伴它们、多带它们去遛弯，只有在人与宠物的亲密接触之中，才能切身感受到饲养宠物带来的幸福和快乐。

37 数字技术能够为养老做什么？

数字故事

"不敢想象没有这个'宝贝'的话，当时会怎么样。"家住浙江省的黄阿姨今年85岁，因子女在外务工常年一个人住。几个月前的某个晚上，黄阿姨急着下楼去买东西，临走时忘了厨房正在烧开水。谁知水烧开之后把火灭了，煤气不断往外泄。家中的烟雾报警器监测到了屋内的危险物质浓度过高，将信息传输至社区智慧养老服务中心。值班工作人员一边紧急拨打老人和子女的电话，另一边马上联系社区工作人员快速上门处置。从发现异常到解除危机，整个过程仅耗时5分钟。对于老年人群体来说，数字养老技术可以保障老年人的人身安全。除此之外，数字技术还可以为养老做些什么呢？

技术科普

所谓的数字养老，是指大数据、物联网、人工智能、云计算等数字技术与提供养老服务的各类软硬件产品相融合，从而满足老年人多层次、个性化的养老需求，主要包括以下几个方面。

第一，智能健康监测。老年人身体状况需要特别关注，如高血压、高血脂、高血糖等慢性疾病，更需要定期体检。目前较为常见的家用血氧仪和血压计等设备操作简便，老人独自也能完成健康检测。同时，检测数据可同步给医疗行业的专业人士，从而给出专业诊断和意见。

第二，智能安全预警。智能烟雾报警器、智能燃气报警器、滑倒预警器等设备，会对烟雾浓度超标、燃气泄漏、老人身体异常等突发状态进行24小时实时监测，一旦出现异常情况会立即联系家庭成员和消防、急救等应急人员。

第三，智能家居服务。数字技术应用于日常家居领域，可以实现远程控制和自动化管理，提高老年人生活的便利度和舒适度，比如一键控制全屋空调、抽油烟机、电视、冰箱等家具电器。

第四，智能文娱体验。老年人通过在线社交平台、视频通话等方式，足不出户就能跟家人见面聊天，提高生活幸福感。

素养提升

2021年11月,中共中央、国务院发布《关于加强新时代老龄工作的意见》,明确指出企业和科研机构要加大老年产品的研发制造力度,支持老年产品关键技术成果转化、服务创新,积极开发适合老年人使用的智能化、辅助性以及康复治疗等方面的产品,满足老年人提高生活品质的需求。

作为普通人,我们可以对家居设备进行智能化和适老化改造,以便让家里的老人享受更加智能便捷的生活。例如,为老人购置能够独自使用的健康检测仪,安装烟雾警报器和智慧门禁等设备。但需要注意的是,老年人可能因为适应力较低,无法熟练使用这些智能产品。面对这种情况,既要增强智能设备的适老化功能,针对老年人的生理特点和使用习惯设置功能,也要不断提升老年人群体的数字素养和技能水平。

最后,数字技术固然为老年群体的日常生活提供不少便利,但不能因此忽视对老年人的陪伴与呵护。或许在老人们的心中,身边的养老设备再怎么先进,可能都不及子女或者好友的一句问候、一次见面、一场家宴。

38 如何帮助长辈开启"关怀模式"？

数字故事

一天，张大爷在用微信给其他几位工友转工资时，因为没看清通讯录里的好友信息，不小心把一笔2000多元的工资，转给了另一位微信好友。过了几天，张大爷在跟工友歇脚聊天的时候，才知道自己转账转错人了。心急如焚的张大爷，在联系这位微信好友归还工资时，却发现这位"好友"在收钱后把自己删除了。随后，张大爷只能选择报警求助。在民警的协助下，张大爷联系上了微信客服，并且得知了这位微信好友的真实身份，在花费了大量时间后终于追回了这笔钱。如果当初张大爷看清了手机通讯录里的好友信息，那么这次乌龙事件就不会发生了。那么，有什么办法可以帮助老年人预防此类事件的发生呢？

技术科普

相比于青壮年，老年人群体的视力和听力不太灵敏，眼花、耳背等常见问题困扰着大部分老年人。加上现在智能手机的屏幕尺寸有限，系统默认的字体和界面往往偏小，使得老年用户难以轻松使用。久而久之，老人手中的智能手机就难免沦为一块"高科技砖头"了。既然APP有"青少年模式"，那么有没有专门服务于老年用户的"老年人模式"呢？

2020年12月，工业和信息化部发布《互联网应用适老化及无障碍改造专项行动方案》，其中提出要针对老年人，推出更多具有大字体、大图标、高对比度文字等功能特点的产品。鼓励更多企业推出界面简单、操作方便的"老年人模式"，实现一键操作、文本输入提示等多种无障碍功能。提升系统的方言识别能力，方便不会普通话的老人使用智能设备。随后，工业和信息化部发布《移动互联网应用（APP）适老化通用设计规范》《互联网网站适老化通用设计规范》等文件，对网页、APP的适老化改造进行具体指引，要求平台充分考虑老年人的使用需求，让系统呈现的字体更大、色彩更亮且界面更简洁。同时规定，开启"老年人模式"后严禁出现广告内容，不得设置诱导老年人下载、消费的功能按键。

素养提升

　　为了更好地提升老年人使用智能设备的能力，保护老年人的人身和财产安全，常见的APP都应当进行适老化改造。例如，微信就推出了"关怀模式"，开启后界面的字体更大、色彩更强并且按钮显示更大，还可以打开"听文字信息"功能，只需要点一下聊天中的文字信息就能转化为语音。

　　开启"关怀模式"的方法并不复杂。打开微信，在页面下端点击"我"，再点击"设置"，就可以选择是否开启"关怀模式"。此外，支付宝也专门为老年用户设计了"长辈模式"，打开支付宝，同样在页面下端选择"我的"，再点击右上角的"设置"图标，就可以切换为"长辈模式"。

　　当然，助力老年人跨越"数字鸿沟"是一个全面的社会工程，除了不断优化升级软件的适老化水平，还需要年轻的家庭成员对家里的长辈进行耐心的教学，在长辈进行重要操作，如转账、消费的时候，为其提供协助和指引，让"关怀模式"多一份亲人的关怀。

39 如何订立一份数字遗嘱?

数字故事

在参加好友的葬礼后,小谢顿时感觉人生无常,担心自己在哪一天不幸遭遇意外离世。为了避免不必要的纠纷,小谢萌生出立一份遗嘱的想法。随后小谢了解到,由律师代为起草和保管一份遗嘱需要支付额外费用。为了节省这笔开支,小谢在网上查找资料,学习了如何制作一份数字遗嘱,并在一个网站里面留下了自己的遗嘱。但小谢始终觉得不放心,总感觉数字遗嘱的制作过程似乎太过简单,而且将遗嘱放在网上不太安全。最终,小谢找到律师又重新立了一份遗嘱。对此,我们不禁追问,什么是数字遗嘱?数字遗嘱的法律效力如何?

技术科普

依照《民法典》的规定，订立遗嘱必须采取特定的法律形式，包括自书遗嘱、代书遗嘱、打印遗嘱、录音录像遗嘱、口头遗嘱、公证遗嘱六种，并且每一种遗嘱都有不同的生效要求。比如，代书遗嘱应当有两个以上见证人在场见证，由其中一人代书，并由遗嘱人、代书人和其他见证人签名，注明年、月、日；打印遗嘱应当有两个以上见证人在场见证，遗嘱人和见证人应当在遗嘱每一页签名，并注明年、月、日；口头遗嘱仅限于遗嘱人处于危急的情况，并且应当有两个以上见证人在场见证等。与此同时，《电子签名法》规定了涉及婚姻、收养、遗嘱等人身关系的文件不适用电子签名。由此可见，数字遗嘱并不是法定有效的遗嘱形式。

在日常生活中，数字遗嘱的表现形式非常广泛，包括电子邮件、手机短信、微信留言或者是部分网络平台提供的"网络遗嘱"功能等等。这些看似便捷的记录遗嘱人心愿的遗嘱方式，并不具有法律效力，原因在于难以确定立遗嘱人在立遗嘱时是否已经年满18周岁、精神状况是否正常、是否出于本人的真实意愿以及内容有无被篡改等。当然，如果继承人都一致认可邮件、短信、网站等作为遗嘱的形式，那么其中的遗嘱内容是有效的。

素养提升

随着数字时代的到来，网络购物、智能合约、数字人民币等新事物不断出现，似乎预示着数字遗嘱终有一天会被法律所承认。但就目前的规定来看，数字遗嘱只能作为法定遗嘱的辅助手段，也就是说，数字遗嘱需要配合其他行为，才能转化为具有法律效力的遗嘱。

目前，网络上有不少电子遗嘱平台都宣称自己提供的遗嘱服务"符合法律规定""具有法律效力"等，容易让大众产生误解，以为在这些平台填写个人信息、交代完后事就等于立了一份具有法律效力的遗嘱。部分网络平台为了增加权威度和可信度，还会展示认可采信本平台遗嘱的法院判决书。实际上，法院之所以认可当事人的遗嘱，除了少部分与法院达成司法合作协议的遗嘱平台之外，大部分都是因为继承人之间一致认可了遗嘱的真实性。对于有立遗嘱需求的人来说，要仔细甄别网上打着"数字遗嘱""网络遗嘱""电子遗嘱"等旗号的服务平台，建议寻求专业的法律服务帮助，在律师的协助下完成有效的遗嘱设立。

40 什么是数字祭奠？

数字故事

最近，家住北京的黄阿姨正在为去世的老伴挑选墓位，但一块墓地的价格动辄就高达二三十万元，令黄阿姨无法承受。随后，黄阿姨想到了海葬，但咨询后才得知已经排队到两年以后了，等待时间着实太长。几经打听，黄阿姨最终选择了离家不远并且价格适中的福田数字墓园。与传统墓园不同的是，数字墓园并未建造在大片空地或者山头上，而是用一块精致小巧的LED电子屏幕代替逝者的墓碑，保存在数字安葬厅中。这块电子墓碑会记录逝者的姓名和生卒年份，还能依据逝者生前或者逝者亲友的意愿，展示语录、照片、视频等个性化内容。那么，你能接受这种数字祭奠的方式吗？

数字墓碑

技术科普

数字祭奠指的是将数字技术融入安葬、葬礼、缅怀等丧葬环节的新型治丧方式。数字祭奠需要的不再是一块块沉重的石碑，而是将逝者所有的信息和生前遗愿用数据的方式储存，然后再通过声光电技术在亲友缅怀的时候展现出来。因此，哀悼方式也不再是让亲友跋山涉水去到墓前缅怀，而是采用虚拟全息技术使亲友看到逝者的生前数字形象，提供更深刻、更亲密的缅怀体验。

数字科技祭奠可以节省宝贵的土地资源，也有助于全社会移风易俗，树立绿色文明的祭奠观念。根据一般建筑规律，一座传统的双穴墓的面积大约为0.8平方米，除去道路、台阶、前庭等公用部分面积，一亩地只能设计200个墓位。而一座20多平方米的数字安葬厅，就可以设置150余个电子墓位。这充分体现了数字科技祭奠"重精神轻物质""重纪念轻下葬"的特点，有助于节约土地资源。

素养提升

2018年6月，民政部发布《关于推进"互联网+殡葬服务"的行动方案》，明确提出推动互联网与殡葬服务实现深度融合，殡葬服务更加便民、透明、优质，殡葬管理决策更加科学、精准、高效，殡葬领域逐步实现网络化、协同化、智能化，"互联网+"成为促进殡葬事业改革发展的重要驱动力量。

近年来，每逢清明节来临之际，各地民政管理部门会陆续发布当年网上扫墓的网站链接，进入界面后可以留下悼念文字，还可以献上虚拟花圈和供品。除了官方性质的清明缅怀网站和中华英烈网，还有一些公众号，比如"网上缅怀""思念堂"等，允许用户自行设立纪念堂。然而，由于逝者下葬的方式还是以传统的入土为安、坟头立碑为主，现有的网络缅怀活动也并非真正意义上的数字科技祭奠。

目前，各地祭奠服务的数字化建设水平不一，只有部分殡仪馆实现了数字科技祭奠。在社会层面，并非所有人都能接受这种新型的祭奠方式，但是比起化作一抔尘土，数字科技祭奠通过技术手段将逝者生前走过的路、读过的书、见过的人以及看过的风景都永远定格在了现实世界当中。如果说一个人真正意义的死亡是被世人所遗忘，那么数字科技祭奠则是将逝者引进了"永生"的殿堂。

41 你能接受AI"复活"已故亲人吗?

数字故事

2023年4月,一位来自上海的"00后"网络博主"吴伍六",因为无法接受奶奶的突然离世,于是用AI技术"复活"了奶奶,并将视频上传至某网络平台。视频中奶奶的皱纹、眉眼甚至头发丝都非常逼真,奶奶说着一口流利的湖北方言,像生前一样唠叨地询问孙子的近况,并叮嘱其他亲人要注意身体。当"吴伍六"询问奶奶"过年的东西买了没",这位AI奶奶用方言开心地说道:"买了两壶油,私人榨的,很香啊。"这一幕就好像是与过世的亲人打了一通寻常的视频电话。有网友感慨到,科技丰富了缅怀亲人的方式。也有网友则提出质疑,AI"复活"逝者就如同驯养了一只电子宠物,违背了让逝者安息的伦理道德。那么,你能接受AI"复活"已故亲人吗?

> **技术科普**

　　所谓的AI"复活"技术，本质上是利用AI技术制作一个虚拟数字人的形象，再让这个虚拟数字人模仿逝者生前的惯常行为和谈吐。"复活"逝者，需要进行以下操作。首先，需要向AI系统传入逝者的照片来生成一个虚拟头像，然后再导入逝者生前的声音数据克隆声音，紧接着利用生成式人工智能生成聊天的内容，最后再合成虚拟数字人的视频。"吴伍六"为了"复活"奶奶，向AI系统导入了奶奶生前的照片，制作出了奶奶的动态头像。他又将自己与奶奶生前的通话录音导入AI，训练AI模拟出奶奶的声音和语气，如此才有了视频里面"奶奶"一口接地气的家乡口音和惟妙惟肖的唠叨神情。

　　在这个过程中，我们向AI系统提供的照片、声音等数据越多，虚拟数字人的表现就越接近逝者，包括面容、声音、语气、神态等，足以达到与逝者生前一样的程度。可以展望的是，随着人工智能技术的不断发展，虚拟数字人将会越来越逼真，这在一定程度上让生命通过数字的方式实现了"永生"。

素养提升

当前，人们缅怀逝者的方式不再单一，从敬挂遗像到AI"复活"，数字技术的发展极大地满足了人们表达哀思、纪念故人和寄托情感的心理需求，丰富了人们追悼逝者的方式和体验。然而，AI"复活"技术需要使用逝者的面容、声音等各种数据，可能会侵害死者的人格利益，如肖像、声音、隐私、名誉、个人信息等。虽然出于悼念目的"复活"自己的已故亲人，原则上不构成侵权，但若是出于营利、博眼球、诈骗等违法目的，则可能构成侵权甚至是刑事犯罪。

2022年11月，国家互联网信息办公室、工业和信息化部、公安部联合发布《互联网信息服务深度合成管理规定》，其中明确规定："任何组织和个人不得利用深度合成服务制作、复制、发布、传播法律、行政法规禁止的信息，不得利用深度合成服务从事危害国家安全和利益、损害国家形象、侵害社会公共利益、扰乱经济和社会秩序、侵犯他人合法权益等法律、行政法规禁止的活动。"

总之，AI"复活"已故亲人充分展示了科技的"温情"，但目的不是让人们用于非法行为或者沉迷于虚幻之中，而是让人们更好地热爱生活。

第四编
数字学习

42 生成式人工智能帮忙写论文算抄袭吗？

数字故事

有报道称，在美国北密歇根大学，一位学生利用生成式人工智能写出了全班最好的论文，文章严谨的语法、缜密的论证和翔实的案例令该校的教授感到惊讶。还有人利用生成式人工智能参加了美国高考（SAT），结果拿到了1020分的分数，超越了全美48%的考生成绩。与此同时，韩国一所国际学校发现有大量学生利用生成式人工智能进行论文作弊，校方对这些学生予以0分处理。澳洲新南威尔士大学一位学生也因使用人工智能舞弊被判成绩不及格。生成式人工智能成为了考试的"枪手"和论文代写工具，引得众多大学纷纷对其下了禁令。对此，我们不禁追问，到底能不能利用生成式人工智能写论文？

技术科普

所谓的生成式人工智能，指的是可以根据使用者的需求来创造全新的语音、图像、视频和文本的人工智能。在设计之初，生成式人工智能系统犹如一个牙牙学语的孩子，但在深度学习技术和神经网络技术的加持下，能够模仿人脑进行飞速学习和训练。经过数以亿计的数据集"投喂"后，系统就能在庞大的数据库中找到用户所需要的知识，与用户展开逻辑清晰的对话，并根据用户的提示生成学术文章、图片或者视频，犹如一位博学的专家。

与传统的聊天机器人不同的是，生成式人工智能经过了上百万次的训练，能够准确、全面地生成特定的内容，避免出现答非所问的情况。此外，生成式人工智能还采用了自监督学习模型。这种模型会根据用户已经说过的话，来预测下一个时刻不同词语出现的概率分布，使自动生成的文章在语法、语义和语境方面与真人写作近乎一致，不会出现生成的对话前言不搭后语的现象。

素养提升

目前，国外热门的生成式人工智能软件包括美国的Chat-GPT、谷歌公司旗下的"Bard"聊天机器人等。我国的"文心一言""云雀""星火大模型"等，也在以免费或者付费的方式向社会大众开放。生成式人工智能百花竞开的局面，极大地促进了学术领域的进步和教育教学手段的丰富，但它带来的学术不端风险也不容忽视。

2023年7月，国家互联网信息办公室等七个部门共同发布《生成式人工智能服务管理暂行办法》，对生成式人工智能服务确立了监管规则，从制度方面引导生成式人工智能的健康发展。2023年8月28日，《中华人民共和国学位法（草案）》首次提请全国人大常委会审议，规定学位论文或者实践成果存在抄袭、剽窃、伪造、数据造假、人工智能代写等学术不端行为的，将撤销学位证书。尽管该草案目前尚未通过，但可以预见的是，利用生成式人工智能代写论文就跟抄袭、剽窃一样，属于学术不端行为。

此外，要实现生成式人工智能技术的良性发展，需要每一个使用者做到正确且合理使用，不过分依赖和沉迷生成式人工智能，尤其是学生群体，不能将其作为抄袭和偷懒的工具，不要让智能生成变为智能抄袭。

43 如何巧用时间规划类APP？

第四编 数字学习

数字故事

深夜，家住江苏的杨先生痛苦地在床上大喊，家人们听到呼喊后纷纷冲进房间，将杨先生送进了医院的急诊室。经过医生诊断，原来是杨先生长期在就寝关灯后躺着玩手机，导致了眼睛暂时性失明，即"眼卒中"。杨先生是幸运的，经过治疗后很快便康复出院了。医生表示："眼卒中原本仅在老年人群体中易发，但随着越来越多的年轻人沉迷于手机、电脑等电子设备，这类病症的发病年龄越来越低，稍不注意就可能导致永久性失明。"听闻医生的话，杨先生表示要立即戒掉自己的手机上瘾症。那么，有什么样的APP可以帮助大家更好地规划时间呢？

> **技术科普**

在移动娱乐技术越来越发达的今天，不少人患上了"手机上瘾症"，将宝贵的时间浪费在手机短视频、游戏和社交软件之中。对此，时间规划类APP的出现，为手机上瘾症"患者"提供了解决的方案。

首先，现在人们大多是手机不离身，而且查看手机的频率非常之高，有事没事都喜欢翻看一下手机。时间规划APP充分利用人们这一使用习惯，在手机锁屏或者桌面处显示日程，时刻提醒用户每日任务事项和累计使用手机的时间，以免沉迷在手机里无法自拔。

其次，不少时间规划类APP会设置奖励功能，激励用户不断自律。例如，"专注森林"APP主要功能是让用户在自己规划的时间内专注手头上的事，避免被手机分心。用户每一次成功自律，都会成功种下一棵虚拟的树。随着"专注树"越来越多，用户可以用来兑换奖励或者解锁全新的功能。

最后，时间规划类APP不仅可以设置待办事项、倒计时提醒，还可以统计专注时长数据、实现事项一键分类和查看各种APP的使用频率，让人们轻松掌握时间的使用分配。有些时间规划类APP会搭载社交功能，可以让用户相互督促，共同进步。对于自制力较差的用户，还可以启用"强制锁屏"的功能。一旦开启，除了紧急联系，手机里面的娱乐APP将会在一段时间内无法被打开。

素养提升

假如你觉得琳琅满目的时间规划类APP难以挑选，也可以使用手机自带的程序。目前，华为、小米、苹果等主流的手机厂商，在其产品中都会自带具有时间规划功能的软件程序。例如，华为手机的"日历"APP可以设置近期日程，不仅可以规划事项的优先级，还能以倒计时的方式提醒用户日程的剩余天数。

时间规划类APP不仅可以帮助学生和上班族减少每天使用手机的时间，更能方便人们的日常生活。例如，老年人可以利用时间规划类APP提醒自己什么时候去买菜、什么时候服用药物；牙牙学语的儿童也可以在家长的帮助下设置倒计时功能，控制玩耍或者看动画片的时间。但需要注意的是，时间规划APP只是一个辅助工具，目的在于帮助我们更好地安排日常生活、养成良好习惯，切记不要陷入过度使用的"强迫症旋涡"中去。只有将自律变成习惯，我们才能在学习和工作中变得更加优秀，帮助我们享受更美好的生活。

44 智能学习机靠谱吗？

> **数字故事**

早在1993年，第一代学习机就横空出世，在此之后学习机不断改进升级。从"哪里不会点哪里"的步步高点读机，到内置人工智能学习系统的科大讯飞AI学习机，智能学习机逐渐成为学生学习的标配设备。尤其是在最近几年，"双减"政策导致在线教培和线下辅导行业陷入寒冬，网课学习和自学模式受到家长们的热捧，智能学习机也因此成为了基础教育和数字学习的新赛道。根据市场调研机构预测，到2024年，教育智能硬件市场的规模将达到近千亿元，年复合增长率超过25.8%。可以想象的是，未来的学生人手一台智能学习机将成为常态。对此，我们不禁追问，智能学习机靠谱吗？

技术科普

市场上的智能学习机五花八门，根据外形特征的不同，可分为智能平板电脑、智能听读笔、智能学习台灯等种类，部分儿童手表也搭载了智能学习功能。但不管外形如何，任何一款学习机要称得上"智能"，必须搭载智能软件，具体包括以下几个部分。

第一，教学资源库。资源库一般包括教学视频、电子课本、练习题等内容，涵盖小初高各阶段、各科目的教学内容。不少厂商为了提高教学质量，吸引消费者购买，还会邀请名师录制教学视频。用户使用学习机，在家就能参与名师课堂。

第二，智能交互系统。智能交互系统不仅能够实现伴读陪练、检索搜题和AI批改，还能够根据孩子的年龄特征和实际学习情况为其量身打造学习计划，帮助孩子掌握学习重点、攻破知识薄弱项。

第三，家长监护系统。大部分学习机不仅主动剔除了游戏、视频等娱乐功能，还具备使用时长监控、监护人远程操作等功能。与普通的平板电脑相比，智能学习机专为数字教育和网课学习而生，是课堂之外集"教、学、练"为一体的高效学习辅助工具。

素养提升

厂商在推销智能学习机产品时，往往会以"堪比学校课堂教学""实际效果比课堂教学效果还好"等类似标语进行宣传。尽管智能学习机搭载了先进的人工智能系统，但其始终只是一种课外教辅工具，并不能完全替代真实的课堂学习。提升孩子的学习成绩，关键在于利用好学校里每堂课的四十分钟，不能本末倒置，切勿把课后复习变成课堂学习。

与此同时，不管智能学习机的屏幕有多大，广告再怎么宣传其具有的强大"护眼功能"，长时间使用电子产品一定会对孩子的视力产生不良影响。如果过度沉溺于智能学习机，忽视了社交和体育锻炼，将不利于孩子的健康成长和全面发展。

此外，值得注意的是，在使用智能学习机的过程中，家长应该关注软件是否有违规收集未成年人个人信息的情况，避免孩子的个人信息和隐私遭到泄露。相关部门应当对智能学习机的教学内容、付费程序等进行监管，同时加强对研发企业和生产厂家的引导和备案管理。

45 如何上好网课？

数字故事

在新冠肺炎疫情肆虐的日子里，为了减少病毒的传播，各个学校都采取了"停课不停学"的远程网络授课方式。师生通过微信群聊、腾讯会议、钉钉打卡等方式，在网络上开展教学活动。对此，有的同学在网课学习中保持了与线下课堂一样的专注度，不仅在上网课时认真听讲，还主动利用直播回放、线上咨询等功能，实现了"弯道超车"。而有的同学则认为"网络一线牵，老师看不见"，每当上网课时就在一旁开小差，甚至蒙头大睡，导致学习成绩越来越差。那么，如何才能上好网课呢？

技术科普

网课，顾名思义，指的是通过网络方式进行课程学习。相比较传统的课堂教学，网课学习有自己的优势：第一，网课资源丰富多样，可以突破学校单一教师和教材的限制，将网络上的优质教学资源整合起来，让学生体验同一学科不同的教学风格和教学方式。第二，网课学习具备清晰的数据化统计，包括签到人数、作业完成情况、试卷成绩等各种数据，帮助教师高效地掌握学生的学习情况。第三，网课可以回放，帮助学生反复加深知识点的学习。第四，网课可以让学生在家进行学习，省去了上学路上花费的时间，减少授课空间的局限，同时提供更熟悉、舒适的学习环境。第五，网课可以让学生减少拘束感，提高发言的动力。

当然，网课学习也有自己的弊端。首先，网课对于学生学习的自律性要求比较高，许多学生在上网课时缺乏专注度，常常一边上网课，一边看着视频、聊天、打游戏，学习效果大打折扣。其次，网课学习的时间常常与家长上班的时间重合，即使家长在家办公，也没有办法全程监督学生学习。再次，网课学习无法像课堂教学那样展开面对面的沟通交流，学生和老师之间的互动只能隔着屏幕进行，缺乏课堂教学的真实性和情感性。最后，长时间盯着屏幕上网课，会损伤学生的眼睛，影响视力，同时久坐也会影响学生身体发育和健康发展。

素养提升

随着线下教学的恢复，高校及中小学的网课教学情况有所减少，但广大学生对于网课学习仍然有着较大的需求。对于学生而言，养成良好的网课学习习惯至关重要，可以在听课时多动手记笔记，主动参与网课互动环节，通过听练结合的方式提高听课的专注度，并在课后及时检验学习效果。对于未成年学生的家长来说，可以在智能设备中启用"青少年模式"等限制功能，在网课学习结束后及时收回电子设备，从而监督孩子认真学习。

此外，无论是何种方式的网课学习，都需要网课本身的质量过关。因此，教师、教学机构以及课程录制的工作人员都要认真对待网络教学工作，保证网课的教学课件、视频制作等方方面面都要达到教学与学习的要求。

46 如何在"慕课"里上大学？

> 数字故事

来自浙江大学的翁恺老师，被誉为"中文慕课第一人"。早在2005年，翁恺就开始对自己所有的课堂进行录音，2011年又开始录像。录课经验愈加丰富后，翁恺受邀在互联网上公开授课。2014年慕课系统上线后，翁恺的学生除了浙江大学的学子外，还有全国各地慕名而来的学习者们，"浙大的翁老师"摇身一变，成为了"全国的翁老师"。据统计，翁恺老师主讲的两门慕课，每次开课都异常火爆，单期注册学生最高达到10万多人，累计受益学生超过了180万人次。时至今日，翁恺依然是慕课上注册学生最多的中文理工科老师，并成为浙江大学第七位获得永平百万奖教金的教师。他在采访中表示："受益于慕课的便利和低门槛，修习一门名校课程对于普通人来讲再也不是天方夜谭。"

技术科普

慕课的英文全称为 Massive Open Online Course（MOOC），意为"大规模的网络开放课程"，其宗旨是实现"任何人、在任何时间、任何地方都能学到任何知识"。首先，不管你是在经济发达的北上广深，还是相对落后的西部地区，只要有一台能够连接网络的智能设备，就能享受到一流高校提供的专业课程。其次，慕课可以让人们在任何时间进行学习，一门慕课通常由数节或者数十节十来分钟的小课程组合而成，碎片化的课程设置正好能够让人们在一段通勤途中，或者是一杯咖啡的时间进行学习。最后，慕课的课程内容非常丰富，你不仅可以找到物理、化学、历史、法律等传统学科的课程，还能够学习摄影、茶艺等小众课程。

除此之外，许多慕课课程还设置了类似游戏闯关的学习模式，每当学员听完一节小课，就需要回答一些问题才能继续听课，打出的成绩即时反馈本节课程的学习效果，从而激发学员的学习兴趣和动力。同时，慕课为了避免个人学习的枯燥，还设置了在线交流论坛，把全球的学员和具有共同兴趣的人们集合起来，让大家能够自由交流和相互学习，克服线上学习的孤独感。

素养提升

中国大学MOOC（慕课）不仅有官方的网络在线学习平台，还推出了APP供手机、平板电脑等客户端下载使用。当你第一次打开慕课并注册登录后，可以选择自己喜欢的科目或者感兴趣的老师，也可以在搜索栏里搜索自己想要查找的具体课程。当然，系统也会自动在主页为你推送一些人气较高或者近期开设的课程。

在选择了一门课程之后，我们可以在慕课官网或者APP中设置自己的学习目标，如选择修习的文凭、攻读的课程或者学分等。这样一来，无论是在校大学生，还是参加工作的白领，甚至是退休老人，都可以借助慕课平台的算法，为自己量身定制一套科学的学习计划。

总之，慕课为所有人学习知识提供了便捷的方式。或许你曾经因为高考失利而错失与名校相遇的机会，但没关系，你可以报名参加北京大学、清华大学等顶级名校的慕课课程，与国内知名学科带头人"面对面"交流。在慕课课堂里，每个人都可以圆上自己的名校梦。

47 "智慧校园"会泄露你的信息吗？

数字故事

2023年7月，毕业于中国人民大学的马某，于在校期间盗取学校内网数据，收集了全校学生的照片、姓名、学号、籍贯和生日等个人隐私信息，并公开发布在网络上进行外貌打分。在其制作的程序里，只需要勾选性别、年龄、专业等选项，就能看到某一个学生的照片与所谓的"颜值"评分。据调查，马某正是入侵了学校的"智慧校园"信息平台，从而非法获取大量在校学生的个人信息。马某在被曝光后的第三天就遭到警方的刑事拘留，原本光明的前途也变得一片黯淡。对此，有人表示担忧，"智慧校园"虽然确实方便了学生管理和日常教学工作，但又如何面对个人信息泄露和数据失窃的风险呢？

技术科普

　　早在20世纪90年代，我国高校就效仿国外，开始陆续上线各类信息管理系统，并逐渐积累了一些数据，具体包括各个高校的师生个人信息、课程数据、科研数据、学科数据等。这些数据零散分布在各个高校的业务系统中。随着高校信息系统的不断增加，以及整体信息化水平的不断提高，各种应用系统和硬件设备收集、储存了越来越多的数据。于是，"智慧校园"系统便在此基础上研发问世，并应用于大多数高校。

　　"智慧校园"平台主要有以下几个功能板块，包括网络应用系统开发、数据整合、多媒体教室设备管理、实验室管理、网络安全管理、一卡通系统管理以及有线电视网络管理等。借助"智慧校园"平台，学校可以对学生事务和教学设施实施精细化管理。同时，教师可以实现网络教学、班级管理和在线阅卷，学生也能够在平台查看自己的学籍和学情信息，并进行请假、销假等日常登记程序。

素养提升

新生入学报到时，班主任或者辅导员通常会要求学生填报姓名、性别和出生日期等个人信息资料，并将其录入"智慧校园"系统。对学校而言，采集学生信息是有必要的，有助于学校了解各班各年级各专业的学生情况，否则日后的学生管理、教学安排等工作将难以展开。然而，现实生活中，很少有学生和家长会质疑学校如此详尽的信息采集行为是否合理合法。更令人咋舌的是，部分学校在入学时甚至还会统计学生家长的职位和收入，从而导致个别老师对不同家庭背景的学生进行区别对待。

因此，在学校收集学生信息时，学生和家长要加以识别，不提供非必要的个人信息。学生发现个人信息登记错误时，应当及时向学校申请更正信息，学校也应当及时进行信息修改。而当个人信息发生泄露或者被非法使用时，学生应当在能力范围内及时采取措施，避免损失进一步扩大，同时积极主动地寻求法律的保护。对于校方来说，应当严格遵守《民法典》《个人信息保护法》《数据安全法》等法律法规，在收集学生信息时做到合法、正当、必要，同时不断提高信息平台的管理水平和安全水平，避免发生个人信息泄露或者数据失窃的情况。

48 什么是大数据教学？

> 数字故事

据报道，北京某大学在开学季发布了一篇推文，对新生进行了一番大数据分析。该推文不仅利用AI合成技术，将全体新生的证件照合成出"平均脸"，还详细罗列了新生们的各项数据。例如，新生男女比例为3.28∶1，重名最多的名字是"刘畅"，男生女生平均身高分别为177.3厘米和164.4厘米等等。推文在结尾部分还着重介绍，新生中有1人曾获全国"最美中学生"，30人曾获省级"三好学生"。这些由大数据汇集而成的新生"画像"，可以帮助同学们相互认识，也为校园生活增添了不少乐趣。然而，有人对此表示担忧，大数据画像之下，学生还有隐私可言吗？是否会引发学生和家长的焦虑？

技术科普

2017年7月，国务院发布《新一代人工智能发展规划》强调，要大力发展智能教育，开展智能校园建设。受此影响，大数据教学应运而生，具体包括学生基础数据库、学习者画像和精准干预式教学三个方面。

第一，学生的基础数据库搭建是大数据教学的初级版本，能够帮助学校及教师掌握学生的基本情况。在一些教学管理工作中，如评选助学贷款时，就需要参考学生的家庭收入、建档立卡情况等数据。

第二，通过对学习成绩、学习习惯等特征描绘学习者画像，如同用画笔画肖像一般，以图表的方式展现学习者的各项指标，为教学活动和教学措施提供数据支撑和指引。例如，通过统计学生上课答题次数、考试成绩和参与班级活动频率等具体数据，就可以评判学生是否具有积极良好的学习状态。

第三，精准干预式教学主要应用于数字课堂，系统能够跟踪学生的认知、情感和行为等实时数据，从而为教师即时提供干预建议。例如，在课堂互动率、学生"抬头率"较低时，课堂教师就需要在讲授中插入课件，以提高学生的学习积极性。

素养提升

大数据教学帮助学校和教师全面掌握学生的学习情况。但需要注意的是，无论是信息数据库，还是学习者画像，都存在着将学生"标签化"处理的不良倾向。为此，学校方面应当遵循合法、正当、必要的原则来处理学生的个人信息，同时老师不得因为统计数据的差异而歧视学生。

当然，家长和学生也不必因大数据而产生焦虑，应当充分认识到教育和成长是一个循序渐进的过程。实际上，大数据教学最多也就对学生的学业成绩进行分析和比较，对于学生的道德品格、想象力、创造力等素质，大数据难以量化和分析。而衡量一个学生是否优秀，不能只看成绩高低、绩点排名前后。更何况大数据教学是一个动态的信息检测平台，这一次成绩落后不代表下一次成绩依旧不佳，更不意味着该学生永远落后于其他同学。

总之，教育的最终目的是实现人的全面发展，而非让数据变得更华丽。我们需要正确看待大数据教学存在的利弊，将大数据教学作为教育的辅助手段，而非唯一的衡量指标，尽可能实现真正的教育公平。

49 你听说过"VR实验室"吗？

> 数字故事

2018年，著名导演史蒂芬·斯皮尔伯格在其执导电影《头号玩家》中，向观众展示了VR技术的强大。电影里的故事发生在未来世界，随着生态环境的破坏，人们的生存状况变得十分恶劣。此时，一款名为"绿洲"的VR游戏成为了人们逃避现实的极乐净土。通过穿戴VR头戴显示器和触感手套，并借助跑步机等设备，人们可以身临其境地在虚拟世界中交友、游戏和工作。随着科技的发展，VR设备的应用越来越广泛，不少智能设备博览会、主题公园甚至是街头巷尾，都出现了各式各样的VR体验馆。与此同时，虚拟现实技术开始应用到教学和科研领域，"VR实验室"就是最为典型的例子。

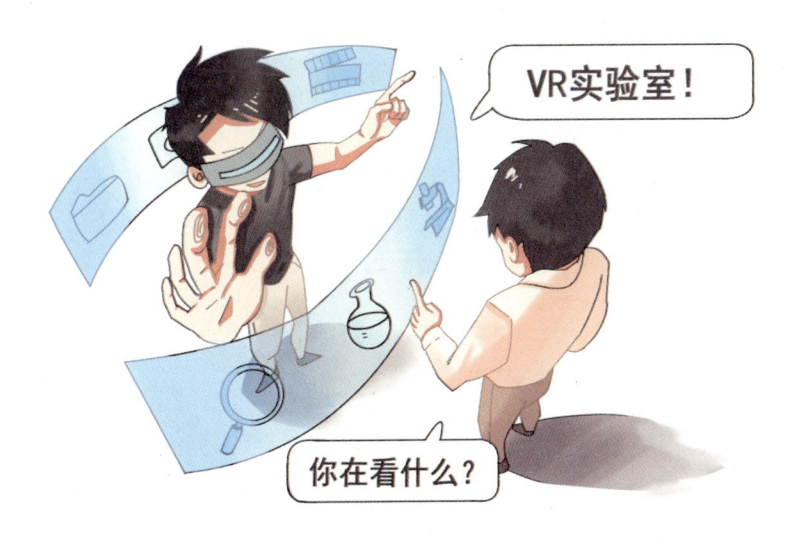

> 技术科普

　　VR是英语Virtual Reality的简称，中文翻译为"虚拟现实"，是三维图形技术、多媒体技术、仿真技术等多种先进科技的集大成者。VR技术分为浅度虚拟现实和深度虚拟现实。其中，浅度虚拟现实只能实现全景式视频或者全景式街景图片的呈现。而深度虚拟现实具有更为强大的虚拟交互功能，可以依靠VR眼镜等虚拟现实增强设备，来实现虚拟驾驶、虚拟教学和虚拟游戏等功能。深度VR还具有超强的仿真系统，用户只需通过VR眼镜、耳机和VR互动操纵手柄，就能体验到包括触觉、味觉、嗅觉和运动感知的虚拟刺激，并产生思维共鸣以及形成心理沉浸，让人仿佛置身于现实世界。

　　"VR实验室"正是深度虚拟现实技术在教学科研领域中的应用示范。众所周知，物理实验和化学实验具有一定程度的危险性，而"VR实验室"仅需VR头戴设备、电脑和虚拟现实系统，就能为学生和科研工作者提供生动逼真并且安全理想的模拟实验环境，不用再去调试各种实验仪器以及接触各类的化学试剂。

素养提升

2018年12月，北京某大学市政与环境工程实验室发生爆炸燃烧，事故造成3人死亡。2020年9月，常州一所小学在上化学实验课时，因为学生操作不当造成酒精燃烧，导致4名小学生严重烧伤。对此，"VR实验室"的出现，能够有效避免这些意外和悲剧，就算实验者是懵懂的小学生，也不必担心因操作失误而发生意外事故。例如，在中学化学"一氧化碳与氧化铁反应"实验课程中，实验者在操作时需要接触一氧化碳气体，存在潜在的中毒风险。利用"VR实验室"不仅可以实现教学目标，让学生真实感受到化学世界的神奇，还能避免发生实验事故，保障学生人身安全和学校财产的安全。

当前"VR实验室"的普及率偏低，主要原因在于"VR实验室"的建设成本比较高，只有部分经费充足的学校负担得起建造费用。此外，受制于成像技术和交互系统的局限性，"VR实验室"还不能呈现一些复杂的实验，要想有更佳的虚拟现实功能，还需要等待VR技术的进一步发展和成熟。

50 数字课堂有哪些"黑科技"？

数字故事

2023年4月21日，作为全国"OMO（线上线下融合）"数字化课堂研讨会的主办地，重庆两江新区的行远小学展示了8节数字课堂范例。尽管彼此相隔1693公里，但数字技术却让上海和重庆的两所学校的学生相聚一堂，共同感受数字课堂中师生交互、生生交互、跨学科交互的魅力。在数字课堂里，多媒体视频连接了各教学班，使得180多位学生可以在线上线下同时应答，并且实时生成了数据表和统计图，让主讲教师能够随时观察学生的学习效果，即时做出整体判断和下一步互动的开展。同时，学生也可以在线上回答问题和查看其他同学的想法见解，实现课堂知识的链接与共享。看到这里，你是否期待这样的数字课堂呢？

技术科普

数字课堂是指利用网络直播、大数据、云计算、人工智能等技术，实现线上教学和线下教学深度融合的教学模式。数字课堂有以下几个特点。

首先，数字课堂需要数字化教学基础设施，包括智能化的教学系统、数字互动白板、互联网和摄像头等。一位体验过数字课堂的学生表示："数字化教室给人最深的印象就是设施的先进，在课堂中投影的大屏幕、摄像头和在线分析系统都给人耳目一新的感觉，大大提升了我们学习的兴趣。"

其次，数字课堂的特色在于利用数字技术实现线上和线下的融合，既注重整合线上学习资源，又非常重视学生在现场教学空间里的互动。这有效保证了教学的高质量，使得课堂既是数字的也是纸质的，既是前沿的又是传统的，既是远程的亦是近距离的。这也是数字化课堂与单纯的网课或者翻转课堂的最大区别。

最后，数字课堂不仅要求教师具备操作在线平台、使用数字化教学设施的能力，还要求学生跟得上数字课堂里庞大的信息量和互动量。这既考验师生的数字素养和能力，更离不开老师课前的精心备课和学生的课前预习。

素养提升

2020年7月，国家发展和改革委员会发布《关于支持新业态新模式健康发展 激活消费市场带动扩大就业的意见》，明确提出大力发展融合在线化教育，构建线上线下教育常态化融合发展机制，形成良性互动格局。当前，数字课堂还处于探索发展阶段，各地教育委员会和学校不断通过打造教学案例来积累更多的数字化课堂建设经验。

需要强调的是，数字课堂建设的重点并非在于使用了多少"黑科技"，而在于如何最大化利用各种智能化设施和系统，使之服务于课堂教学，助力学生更高效地学习课程知识。因此，数字课堂建设要避免陷入形式主义，即只在乎教学手段和设备的"花里胡哨"，而忽略了是否有助于帮助学生掌握知识。总之，真正的教育应当以学生为本，数字课堂只是服务课堂教学、知识传授的一种技术手段。

51 数字图书馆里有书吗？

数字故事

"数字图书馆"一词，源于1993年由美国国家科学基金会、美国国防部尖端研究项目机构、美国国家航空与太空总署联合发起的数字图书馆创始工程。随后，该概念迅速被全球计算机学界、图书馆界及其他相关领域所接受使用。1996年，国内相关机构在北京召开的第62届国际图联大会上，正式提出了数字图书馆的概念。1999年，首都图书馆成为"中国数字图书馆工程首家示范单位"。2001年初，国家计委批准立项"全国党校系统数字图书馆建设计划"，总投资达1.9亿元。随后，北京大学、东北师范大学等院校相继成立数字图书馆研究所。自此，全国范围内掀起了一股建设数字图书馆的热潮。那么，数字图书馆到底与传统图书馆有哪些不同呢？

数字图书馆有好多书啊！

技术科普

数字图书馆是指运用数字技术处理、存储各种文献的线上图书馆，是基于互联网构建的、虚拟的、没有纸质图书和围墙的图书馆。数字图书馆包含两个业务板块，即数字化图书馆和数字图书馆系统，分别对应两项工作内容，一是将纸质图书转化为电子版的数字图书，二是实现电子版图书的存储、交换与流通。

数字图书馆充分借鉴了传统图书馆分类储存图书的管理模式，并向公众提供借阅服务。在此基础上，数字图书馆借助计算机网络通讯等高新技术，将各类图书数字化、分类化储存，使得读者查找检索、借阅图书变得更加方便，让图书的借阅管理突破时间和地点的限制。此外，数字图书馆工程还包括实体图书馆的智能化建设，能够实现线下借阅归还与图书馆阅览座位的网上预约，并通过发放数字借书卡、打造智能书架与计算机阅览室等数字化形式，提升民众线下借阅的体验感和便捷度。

素养提升

相较于传统图书馆，数字图书馆具有多方面的优势。首先，数字图书馆不仅能够突破收藏书刊数量上的限制，还能将古籍孤本等珍贵资料数字化，即使对外开放借阅也不必担心毁损灭失。其次，数字图书馆具有数字检索和交互功能，不仅可以有效避免读者在找寻书籍时的繁琐，还能通过数字视听资料提升阅读体验。最后，图书的数字化也避免了一本书只能借给一个人的尴尬局面，可以通过服务器同时借给多个人浏览阅读，大大提高了知识的传播效率。

作为普通读者，我们可以多多关注身边的数字图书馆资源，比如依托中国国家图书馆丰富的馆藏资源建立的中国国家数字图书馆。其借助遍布全国的信息组织与服务网络，是目前我国规模最大的数字图书馆。其中所有的数字图书按照中图法严格分为22大类，内容覆盖经济、文学、历史、医药卫生、工业、农业、军事、法律等各个领域，形成了相当的规模和体系。读者只需在网络上搜索"中国国家数字图书馆"并注册登录账号，即可免费在电脑或者手机上阅读电子书籍。

52 什么是学分银行?

数字故事

相信大家对建设银行、交通银行、工商银行都不陌生，但是你听说过学分银行吗？学分银行里面可存不了钱，但可以存学分，在积累到一定程度后，还能兑换相应的学历和非学历证书。来自广州城建职业学院的林励昂就是学分银行的受益者，高考没有考上心仪大学的他，在入校后越发觉得知识和技能是成就自己的必需品，于是报名参加了国家职教改革的"1+X"建筑信息模型课程。林励昂作为"00001号"证书的获得者，是首批被认证的288名学员之一，其证书成果随后被存入职业教育国家学分银行个人学习账号。这意味着林励昂可以通过学分银行对该学习成果进行认证，并且免修相应部分课程的学分。

技术科普

学分银行借鉴了传统银行的概念，在"终身学习"理念的推动下，贯穿了职业教育、普通高等教育、成人教育、职业培训和老年教育，以学分的认定、累积和转换为主要内容，是一种新型的学习和教育管理制度。

一方面，用户通过学习获取学分。这些学分被存储在国家相关部门的授权机构，当学分足够多时，就可以像银行存钱那样存零取整，不仅能将学分兑换为相应的学历和非学历证书，还可以实现学习成果的转化，将某一种等额学分的专业证书转化为另一种专业证书。

另一方面，职业院校的人才培养形式日益多样化，统一的课程教育无法解决日渐突出的工学矛盾，依托学分银行采取统一认定的学分制度，能够让学生在学习和就业之间拥有更多的选择机会，实现多样化和个性化的职业人才培养。如此一来，无论是通过何种形式和渠道的学习，学生所取得的学习成果均能得到认证，这有助于充分发挥学生的潜能和特长。

素养提升

近年来，学分银行有了很大的发展。2020年底，北京市学分银行、长三角地区开放教育学分银行分别在北京和上海成立。2021年，成渝地区双城经济圈学分银行成立，将推动落实区域学习成果互认制度。2023年，海南开放大学设立农民学分银行，助力乡村人才培养。

截至目前，国家学分银行已有6185所院校入驻，发布认定成果1011个，实现学分规则转换近5000条。越来越多的地区学分银行如雨后春笋般成立，极大地提高了当地的人才吸引力和居民终身学习的参与度。随着互联网、移动网络、云端储存服务的发展，多元化的学习模式将不断推动全民教育、终身教育。

然而，我们还需要清醒地认识到，当前学分银行仍然面临着实施主体不清、学分认定规则不明晰等问题，一些学分银行还因为缺乏资格资质而面临学分转换的障碍。这就需要国家建立专门管理的实体机构，不断完善学分银行的质量保障体系，促进多样化学习模式的有序发展，从而让学分银行更好地帮助各领域各层次的学习者提升个人学习素养、实现个人价值。

53 如何判断搜索结果的真假？

数字故事

2014年，西安电子科技大学的学生魏则西罹患滑膜肉瘤，这是一种极难治愈的恶性肿瘤。魏则西在某搜索引擎上搜索治疗该疾病的医院，看到了在网页排名靠前的武警北京总队第二人民医院，该医院声称能够治愈魏则西。2016年，在花光了东拼西凑的20多万元后，魏则西最终因病情恶化去世。后来有媒体曝出该医院所使用的生物免疫疗法技术，在国外早已被淘汰，涉事的科室其实是被承包出去的民营机构。而某搜索引擎采用了"竞价排名"的运营模式，使得涉事医疗广告出现在搜索结果列表的前面。魏则西事件一经报道，引发了全社会广泛关注。有人感慨道："搜索引擎不仅解决不了你的疑问，可能还会让你丢掉性命。"

技术科普

所谓的搜索引擎，本质上是"一种用在计算机网络上检索各种文件的计算机程序"，既可以称其为接入互联网的查询系统，也可以将其视为信息聚合系统。根据用户输入的关键词，搜索引擎会推测用户的查询意图，将互联网里面的相关信息进行筛选和整合，以供用户选择。最早的搜索引擎是通过人工整理，将各类高质量的网站或者网页分类罗列，用户像查电话簿一样在搜索引擎中找到相关网站，再进入对应网站寻找更多的信息。

随着技术的发展，如今的搜索引擎会预先建立数据库，并利用网络爬虫技术不断抓取新网页加入资源库，再对海量的数据进行分解、分析和筛选，完成表格式的分类。在此基础上，通过对用户输入的关键词进行识别和分析，搜索引擎就可以快速地从数据库中挑选出最为匹配的结果，最后根据相关度、时间等标准进行排序以呈现给用户。然而，部分搜索平台为了盈利，采用竞价排名等方式，人为地干预搜索结果的排列顺序，导致最相关的信息被挤到搜索结果列表的后端。

素养提升

如何才能在海量的搜索信息中找到自己最想要的内容呢？首先，用户可以在搜索框中输入恰当的关键词，如"重庆十个必逛景点"中的"重庆""景点"就是关键词。只要用户筛选出核心关键词，就能大概率找到最相关的信息，并且还可以通过设置"一周内发布""官方发布"等筛选条件，对搜索结果进行进一步优化调整。如果难以提炼出关键词，可以尝试利用近义词替换，并进行多次检索，从而找到对自己有用的信息。

其次，为了减少广告信息的干扰，用户可以在搜索结果中仔细甄别是否存在"广告"字样。根据国务院发布的《互联网广告管理办法》规定，对于竞价排名的搜索结果，搜索引擎及发布方必须显著标明"广告"字样，并与自然搜索结果明显区分。一些官方网站还会在搜索结果中标注"官方"等字样，方便用户快速找到权威发布的内容。

当然，如果你实在不想花费时间和精力去筛选搜索引擎里五花八门的信息，也可以选择去专业度更高的网络平台或者论坛搜索答案。而对于就医治疗、金融投资等重要事项，用户在网上搜索的同时，最好还是要去医院或者银行等线下场所，咨询专业人士，以获得最准确、最全面的信息。

54 女性如何避免算法歧视？

> **数字故事**

2014年，互联网巨头亚马逊公司使用了一款筛选简历的算法，程序员以过去10年来公司的聘用记录作为训练样本，希望算法系统从中学习并能够自动筛选出最佳候选人。然而，没过多久，该算法就被指责歧视女性求职者，因为训练数据的大部分样本都是男性。无独有偶，2020年，意大利劳动者工会将一家名为"户户送"的公司起诉至法院，原因是该公司所使用的算法程序，涉嫌歧视怀孕及抚养子女的女性员工。最终，法院支持了工会的诉求。男女平等是现代社会的基本原则，但实践中仍然存在一些歧视女性的现象，其中不乏披着科技外衣的歧视行为。那么，女性如何通过数字学习来避免性别歧视呢？

技术科普

20世纪90年代,一份名为"在网络世界中落伍:数字鸿沟的界定"的报告首次提出了"数字鸿沟"的概念,将其用于代指不同阶层的人们在使用信息过程中的差距。"数字富人"往往拥有更优质的硬件设备以及更高的受教育程度,从而比"数字穷人"掌握了更强的数字能力、更多的数字资源,这种差距引发了"数字鸿沟"现象。随着对"数字鸿沟"研究的深入,越来越多的衍生问题也逐渐引起人们的重视,比如"性别数字鸿沟""数字贫困"等。

造成女性"数字鸿沟"的原因是多方面的。一方面,数字时代下仍然存在着社会资源分配不均、文化偏见等传统社会问题,并且以新的形式展现出来。另一方面,数字资源享有度不均。国际电信联盟在报告《衡量数字化发展:2021年事实与数字》中指出,目前全球男性网络参与的比例为62%,而女性仅为57%,这一性别差距在非洲国家和阿拉伯国家中更为明显。

素养提升

男女平等是一项基本权利,各国和国际社会越来越重视"性别数字鸿沟"的解决问题。联合国《2030年可持续发展议程》提出了17个发展目标,其中目标5是"实现性别平等,增强所有妇女和儿童的权能"。在这一目标的具体内容中,议程特别指出要"加强技术特别是信息和通讯技术的应用,以增强妇女权能"。我国政府高度重视妇女的数字发展问题。2021年9月,国务院发布《中国妇女发展纲要(2021—2030年)》,明确提出"全面提升妇女的媒介素养,提高妇女利用信息技术参与新时代经济社会高质量发展的能力"。

  从社会层面来看,应当构建性别平等的网络文化环境,培养女性友好型的网络氛围,鼓励更多的女性参与数字生活、数字工作。从自身的角度来看,女性需要不断提升自我数字素养与技能水平,比如学会操作使用互联网和智能设备,提高融入数字生活、参与数字工作的能力。作为数字时代下不可或缺的主体,女性要树立积极参与数字生活、数字工作的意识和信心,确立数字社会"主人翁"的观念。此外,女性还应当具备辨别数字歧视、防范网络风险等能力,在遭遇"数字鸿沟"带来的损害时,要敢于拿起法律武器维护自身的合法权益。

55 老年人如何走出"数字失能"?

> 第四编 数字学习

数字故事

2023年伊始，博主"打工仔小张"在网络上分享的《如何如何》系列视频获得大量点赞。视频中，博主贴心地教大家"如何乘坐高铁""如何利用手机程序点餐""如何用二维码结账付款""如何用手机办理社保"等等。有网友感到不解："这么简单的事情也需要教吗？"也有网友夸她是"现代都市生存教学第一人"，教会了人们很多现代生活的小知识。根据《第七次全国人口普查公报》显示，我国60岁及以上人口占比为18.7%，人口老龄化问题突出。而全国10.67亿的网民中60岁以上人口占到了14.3%。这部分群体有着巨大的上网需求，却往往不懂得怎样上网。因此，如何帮助老年人走出"数字失能"成为了一个迫切需要解决的社会问题。

技术科普

通常来说，老年人"数字失能"体现在数字产品使用、数字消费出行、数字就医、数字文娱、数字学习与数字再就业这几个方面。其产生的原因主要有：

第一，老年人因受教育程度有限、身体机能退化（比如老花眼、耳背）等客观方面的原因，难以熟练使用智能设备。

第二，老年人因社交需求偏低、消费观念保守、生活方式固化等主观方面的原因，容易忽视或者拒绝接受数字技术。

第三，社会适老化建设水平不足。例如，日常生活所使用的手机屏幕本来就不大，而部分APP也没有针对老年用户进行字体、图案以及排版等方面的优化改进，加大了老年人上手操作的难度。再如，部分公共场所、服务机构片面追求信息化建设，将业务的预约和办理等事项全部转移至线上完成，老年人不会使用智能设备就无法享受服务。

素养提升

2021年，中央网络安全和信息化委员会印发《提升全民数字素养与技能行动纲要》，其中明确提出"开展数字助老助残行动。充分考虑老年人和残疾人群体特殊性，加强数字设备、数字服务信息交流无障碍建设，在老年人、残疾人的出行、就医、就餐、购物等高频服务场景中保留人工服务渠道，防止出现强制性数字应用、诱导性线上付款等违规行为"。

为了让老年人更好地走出"数字失能"，家庭成员首先要给予足够的帮助和支持。家是老人最主要的社交范围，同时也是老年人摆脱"数字失能"困境的第一所"学校"。作为子女或者孙辈，应当耐心教导家里的老人如何使用手机、电脑等数字设备，包括创建一个微信号、打开付款码和乘车码、网络购物、视频直播、在搜索引擎中输入问题等基础操作。

此外，国家要不断推进适老化工程建设，树立"老年人友好型"的数字发展理念。国家和社会可以通过村委会、居委会以及老年大学等途径，开展面向老年人的数字技能培训班，帮助老年人更好地掌握使用智能设备和数字技术，增强老年人辨别网络虚假信息和电信诈骗的能力，提高老年人的数字素养和能力。

第五编

数字工作

56 AI可以当面试官吗？

数字故事

　　2023年，淘宝在其平台上线了"淘个好 offer"会场，旨在为更多的毕业生提供优质岗位。值得注意的是，会场首次出现了"AI面试"服务，使用者只需花费6.6元，即可直接预约AI面试官"小紫"参与面试。在登录AI面试界面后，AI面试官"小紫"会以视频的方式与面试者进行互动，并在30分钟内提出5个问题。"小紫"还会根据面试者的表现和岗位的需求，确定求职者的能力等级，在面试结束后自动生成评估报告，从各个维度对求职者进行打分评价。那么，如果你作为求职者，遇到AI面试官该怎么应对呢？

技术科普

AI面试看起来十分新鲜有趣，对于求职者而言，首先需要弄清楚AI面试背后的技术逻辑，做到知己知彼。目前，AI面试的自动化水平非常高，可以做到由AI来完全主导整个面试过程。AI面试官会根据招聘岗位的需求，设置不同的考查维度和具体问题，对求职者的面试表现进行全方位分析，综合评价求职者的工作能力和态度。在这个过程中，AI面试官不仅会关注求职者回答问题的质量，还会关注求职者的着装、口音、神态等各种因素，全面比照真人的面试场景。

AI面试的出现，在一定程度上能够帮助企业节省人力成本，提高面试效率，找到招聘岗位需要的人才。相较于传统的面试方式，AI面试可以打破时空的束缚，方便求职者在线上参加面试，免去来回奔波的成本。同时，AI面试还可以做到"千人千面"，针对不同的人提出不同的问题。有调查显示，在大规模校招环节，AI面试至少能够节约40%的招聘时间。目前，不少大型企业已经开始使用AI面试技术，比如联合利华、欧莱雅、亚马逊等世界五百强企业。可以预见的是，随着技术的不断成熟，越来越多的企业将会采用这种招聘模式。

素养提升

为了应对越来越普遍的AI面试，求职者可以做好以下几个方面的准备：

首先，了解AI面试的技术原理，提前检查网络、摄像头、话筒等设备，避免出现网络不畅或者声音过小等情况，影响面试的正常交流。同时，求职者应当选择相对安静、封闭、光线充足的环境，避免面试过程被打扰，确保自己的面部能够清晰呈现出来，让AI面试官"看到"自己的精气神。

其次，提前准备好自我介绍和问题作答，克服心理恐惧和紧张情绪。同时，严格按照AI面试设置的时间来回答问题。不同于真人面试的弹性处理，AI面试官一般会对面试时间进行严格把控，不会给求职者太长的时间思考，求职者的超时行为甚至有可能会直接导致面试失败。

最后，求职者可以通过模拟面试的方式，来磨练自己面对AI面试官的应试技术。AI面试的普及，不仅有助于企业一方提高招聘人才的效率，对于求职者来说也有重要意义。求职者可以在AI面试官的模拟下，发现自己面试存在的问题，提升自身综合素质与面试能力，做到无论是真人面试还是AI面试都能游刃有余。

57 什么是AI歌手？

数字故事

2023年4月，B站音乐专区迎来AI热潮，"周杰伦""王心凌""林俊杰"等众多AI歌手纷纷登场，它们的翻唱视频在网络平台爆火，热度居高不下，其中"冷门歌手"孙燕姿的AI形象更是火爆出圈。"AI孙燕姿"与孙燕姿本人具有十分接近的唱腔与音色，使得听众们难辨真假。不仅如此，任何人都可随意点播歌曲，甚至可以听到"AI孙燕姿"演唱孙燕姿本人未曾唱过的歌曲。"AI孙燕姿"动人的歌喉受到广大歌迷朋友的喜爱，一个月之内就翻唱了超千首曲目，甚至超过孙燕姿出道二十年专辑曲目的总和。"AI孙燕姿"一度成为B站、抖音等网络平台的新晋网红顶流，网友纷纷调侃它可能是2023年最爆火的歌手。那么，AI歌手是怎么实现的呢？

技术科普

其实早在十几年前,"初音未来""洛天依"等虚拟人物就已出现在互联网上,但由于当时技术的限制,这些虚拟人物不够鲜活逼真,所演唱的歌曲也充满了"塑料味",并未引发广泛的轰动。直到AI歌手的出现,人们才突然发现,虚拟歌手竟然能比真人歌手带来更多的惊喜。例如,AI歌手不仅仅是歌手,它还能胜任歌曲创作人的工作。

一般来说,一个人的音色是难以完全被复刻的,但AI技术的出现打破了这一假设。人的声音、面貌及肢体形态都可以被AI模拟,其背后的关键因素就是深度合成技术的发展。通过给AI模型"投喂"歌手的视频、音频等样本素材,AI就可自主学习歌手的音色和演唱技巧,最终训练出与歌手本人完全相同的声音模型。

此外,在人们的指令下,AI模型还能合成出歌手本人从未唱过的各种歌曲。例如,让"周杰伦"唱《2002年的第一场雪》,让"刘德华"唱英文歌等。不仅如此,AI模型还能对歌手本人以往的演出视频进行处理,使其嘴型对应上新歌曲的发音,让人难辨真假。

素养提升

2023年5月，好莱坞爆发了大规模的罢工事件，许多编剧、导演和演员走上纽约和洛杉矶街头，要求提高薪资，要求公平的合约，拒绝给AI打工。许多人呼吁，抵制影视公司买断演艺人员的面部等外在形象和声音，并大量用于深度合成的行为，以防止影视公司滥用AI技术变相取代真人演员。

这次事件也提醒了公众和从业者，深度合成技术在娱乐圈的使用虽然可以降低成本，提高影视作品的产出，但也隐藏着不少侵权风险。例如，利用AI技术模拟歌手的嗓音进行牟利，可能会侵犯歌手的人格权和著作权。

对此，《民法典》明确规定自然人的声音受到法律保护。如果在生活中发现自己的声音被他人随意利用，那么你可以向发布者、平台或者有关部门进行投诉。如果仍然存在侵权现象，则可以直接向法院起诉以捍卫自身的合法权益。

58 下班后可以不回复老板微信吗？

数字故事

"下班后的工作消息，该不该回？"在一档综艺节目中，几位辩手说出了一众"打工人"的心声。反方坚持"不回复"，辩手子寅认为，下班后身心疲惫，不回复消息是对自己心灵的保护，并戏称"下班后想要我看消息就得先付钱，这叫知识付费"。辩手席瑞也认为，公司给员工发工资，购买的只是工作时间而不是整个人生。而正方辩手进行了强烈的反击，主张下班后也需要"回复"。辩手李佳洁、颜如晶都认为应该回复，"在打工阶段，我们对工作的需要远大于工作对我们的需要，当自己还处于随时被替代的阶段时，我们没有任性的权利，应该时刻把握机会向领导表现自己的能力"。那么在下班后，员工到底可不可以拒绝回复工作消息？

技术科普

通信工具的发达使得工作场景变得更加灵活，也让上班和下班的界限变得更为模糊。根据前程无忧发布的《职场人加班现状调查报告2022》显示，加班成为我国职场的常态，62.9%的受访职场人表示需要偶尔加班（1—2天/周），28.7%的表示需要经常加班（3—5天/周）。近六成受访的职场人表示，自身处于"灵活机动加班"机制中，工作时间与私人时间并不分明，84.7%的人表示在下班后，仍会关注工作群信息。

然而，劳动者不是机器，当我们下班休息时，原则上就不应该被工作打扰。对此，有学者形象地将这种权利称为"离线权"。这个概念来源于法国最高法院2001年的一个判决，法院认为"雇员没有义务接受在家工作，也没有义务将资料和工作所需的工具带回家中"。2016年，法国成为欧盟成员国中第一个在立法上明确规定"离线权"的国家。2021年，欧洲议会通过了《关于欧盟委员会离线权建议的决议》，要求欧盟委员会对于劳动者的"离线权"进行立法。

素养提升

"离线权"的核心是确保劳动者在工作时间之外不受用人单位打扰，从而保护劳动者休息的权利。《中华人民共和国劳动法》①明确规定，劳动者在非工作时间享有安宁休息的权利。也就是说，劳动者在下班后，可以享受自己的休闲娱乐生活，在收到老板的微信或者工作群消息时，可以选择"已读不回"，用人单位不得因此对劳动者进行处罚。

如果用人单位在下班后继续通过微信等布置工作，那么劳动者有权选择拒绝回复。当然，劳动者也可以选择完成指派的工作，同时要求用人单位支付额外的加班工资。此时，劳动者要记得留存相关证据，比如聊天记录、工作记录等。例如，北京市第三中级人民法院审结了一起劳动争议案，法院终审认为，劳动者长期在工作时间、工作场所以外通过微信等社交媒体工作，属于"隐形加班"，用人单位应向劳动者支付加班费。

如果用人单位因为劳动者下班后不回复信息，对其进行处罚甚至是解雇的话，那么劳动者可以向劳动监察部门等进行投诉，还可以申请劳动仲裁和向人民法院起诉，维护自身合法的权益。

---

①下称《劳动法》。

59 机器人能够当法官吗?

数字故事

2023年3月22日下午,浙江省建德市人民法院的一位法官正在审理一起民间借贷纠纷案件。与以往的庭审不同,这次法庭上没有法官助理,法官也没怎么发言,只见AI法官助理"小智"正在向双方当事人宣读法庭纪律,询问当事人之间的法律关系,并将原告和被告的回答记录下来。除此之外,"小智"还贴心地帮助法官整理案件证据,并根据庭审情况,模拟了初步的判决书。这次庭审仅仅持续了15分钟,法官就当庭宣判结果。30分钟过后,一份由"小智"撰写并经法官修改的正式判决书,便通过人民法院在线服务平台送达原告和被告。这不禁让人感叹,机器人法官真的要来了。

> 技术科普

　　随着AI技术的发展，AI法官和智能审判正在成为现实。据报道，爱沙尼亚已经利用AI法官审理一些小额诉讼案件，加拿大推出了"调解机器人"，马来西亚也有了"AI仲裁系统"。2023年1月，哥伦比亚一名法官作出了一份有关自闭症患者免于支付治疗费用的法庭裁决，而该裁决的全文都由生成式人工智能ChatGPT完成。与此同时，我国也在大力发展司法人工智能。例如，开头提到的AI法官助理"小智"就是代表。

　　AI法官之所以如此厉害，在于内置了具备超强学习能力和运算能力的算法系统，它不仅可以"看懂"起诉状和证据等材料，"听懂"庭审中的发言，还能运用知识图谱，在庭审过程中完成分析案件、预测结果和计算涉案数额等工作。但是整体而言，"AI法官"当前做的大多是一些辅助性工作，最终的判决仍然是由真人法官作出。

素养提升

"AI法官"的出现，不仅减少了当事人的诉讼时间和成本，提升了当事人的司法获得感和满意度，也把法官从重复性、程序性的工作中解放了出来。目前，我国多地已经开始试点实施AI辅助审判，人们在试点区域的人民法院起诉时，可以登录法院的官网在AI系统中立案，并在AI系统的辅助下补充材料，甚至还可以进行线上庭审。但人们也不禁担忧，AI法官是否足够公平？AI法官的判决会不会毫无"人性"？判决不仅需要"合法"更要"合理"，毕竟公平正义不是法律条文与证据材料的机械演算，更需要法官在个案中展现常识常情常理，实现法律效果、社会效果与政治效果的统一。

对此，2022年12月，最高人民法院发布《关于规范和加强人工智能司法应用的意见》，明确"无论技术发展到何种水平，人工智能都不得代替法官裁判，人工智能辅助结果仅可作为审判工作或审判监督管理的参考，确保司法裁判始终由审判人员作出，裁判职权始终由审判组织行使，司法责任最终由裁判者承担"。换言之，"机器人法官"可以成为司法体系的角色之一，但永远不能成为司法审判的主角，法官进行司法裁判的主体地位无可替代。

60 机器人可以帮我们打官司吗？

> **数字故事**

2023年初，生成式人工智能ChatGPT通过了让无数法科学生望而生畏的美国司法考试，部分科目的得分率甚至远远超过人类考生。既然AI能够通过司法考试，那么让AI出庭打官司也不是什么稀奇事。例如，美国一家公司就自主研发了一款法律咨询机器人，不仅能进行法律咨询和提供法律文书，还可以参与法庭审判。这款机器人打官司的方法是让被指控交通违法的用户，事先佩戴好耳机以接收法庭信息，然后通过AI分析如何应对法官的询问并通过耳机进行即时反馈，使得用户不需要律师协助和专业知识，只需要重复说出耳机里的反馈信息就可以为自己辩护。对此，我们不禁想要追问，机器人真的可以帮我们打官司吗？

技术科普

目前，AI对法律服务行业主要有以下几种影响：

第一，智能化收集、分析和处理数据。在繁重的法律法规和司法案例的检索工作中，律师、法务等法律工作者利用AI技术，可以节省大量的人力、物力和时间成本。

第二，制作法律文本。普通民众想要草拟一份起诉状或者一份合同，不需要跑到律师事务所支付费用，法律咨询机器人能够提供不同法律文书的标准格式，人们只需要根据自身实际情况填空就可以了。

第三，提供在线法律服务。法律咨询不再受时空的限制，人工智能将借助互联网平台向终端用户提供平等开放、价格低廉的法律服务。例如，通过使用法小淘、法狗狗、海瑞智法等在线咨询机器人，人们在家就可以获得专业的法律咨询服务。

第四，评估和预测法律决策。人工智能会对成千上万份裁判文书进行归纳与总结，预测案件裁判结果，为律师和当事人处理相似案件时提供具有针对性的诉讼策略。

素养提升

人工智能在法律服务行业的应用，使得普通民众能通过低廉的成本享受到高质量的法律服务，也大大提高了律师、法务等法律工作者的工作效率和专业水平。当然，"机器人帮我们打官司"

并不是指真的有一个机器人在法庭上为当事人举证、辩论，更多的是对当事人法律知识水平和专业检索能力的补充，让一个个法律"小白"在最短的时间迅速了解和掌握法律知识。

与此同时，律师需要遵守法律道德规范和职业操守，维护客户利益和社会公正。而基于算法运行的人工智能说到底始终是工具，不具备处理道德伦理的复杂问题的能力。因此，无论是《最高人民法院关于规范和加强人工智能司法应用的意见》，还是《中华人民共和国律师法》《国家统一法律职业资格考试实施办法》，都排除了人工智能拥有律师身份的可能性。

总之，人工智能只有"芯"，没有"心"，社会正义的弘扬、法治精神的传播、制度背后的人性是算法算不出来的。机器人在提供法律服务、提高法律意识等方面发挥着重要作用，但在司法活动当中始终担任着辅助性角色，不能完全替代律师、法务等法律工作者。

61 员工可以对智能监控说"不"吗？

数字故事

2019年6月，某公司在工作区域内安装了多个高清摄像头，其中一个摄像头位于张某某工位的上方，张某某认为该摄像头能够拍摄到其个人隐私，于是用两把伞遮挡该摄像头，但其他方位的摄像头可以继续正常拍摄。随后，张某某多次就此事通过邮件向公司领导、工会反映，希望解决摄像头正对着其工位的问题。2019年7月，公司以张某某在工位上打伞严重违纪为由与张某某解除了劳动合同。随后，张某某将公司告上法庭。那么，公司可以在工作场所安装监控设施吗？员工又是否可以拒绝被监控呢？

技术科普

工作区域安装监控的问题引起了人们的广泛讨论。从员工角度讲，他们不愿将自己暴露在无死角的监控之中，即便是为了管理和安全，也应当以尊重员工的隐私为基础。而从公司角度出发，公司既不愿意让商业秘密有泄露的风险，也不希望员工在工作期间"摸鱼"，安装摄像头可以有效维护公司利益。

除了普通的监控摄像头，还存在各种数字监控。例如，考虑到员工的大部分工作都在电脑上进行，有的公司会采取监控员工通讯账号（如微信），或者在员工的电脑和手机上安装监控软件的方式，实现对员工的数字化监控。有的公司还会对员工的工作状态进行"精准监控"，一旦员工离开工位或者抬头闲聊，工位摄像头便会自动记录下来。有的公司甚至会在厕所安装打卡器，每当有员工需要使用厕所时，不仅需要指纹刷卡才能进去，且机器会在员工如厕时间过长时发出警报，公司此后还会以这些记录为依据，来克扣员工的工资。

素养提升

面对越来越多的数字监控，我们需要思考的是：公司真的有权安装这些监控吗？员工可以对监控说"不"吗？

首先，虽然公司的初衷是为了实现管理和保证安全，但需要遵守《民法典》《个人信息保护法》《劳动法》等法律法规的规定，遵循合法、正当、必要原则。例如，监控设备应当安装在工作区域或者公共活动区域，而不应安装在某个员工的工位上。

其次，公司为了保护自身利益，可以在办公设备或者账号上安装监控软件，但前提必须是公司提供的专用设备或者账号。如果与员工的日常生活所用设备或者账号不能进行区分，那么这样的行为也构成侵犯员工的隐私权，公司不得随意地进行监控。

最后，虽然公司可以对员工工作状态进行管理，但也需要尊重员工的隐私，像在厕所安装打卡机之类的行为，明显侵犯了员工的人格尊严。如果我们在日常生活中遇到了这样的情况，可以向公司的人事部门进行反映，也可以向劳动部门进行投诉举报。如果没有实现自己的诉求，还可以向人民法院提起诉讼，以维护自身的合法权益。

62 元宇宙办公能实现吗？

数字故事

2021年12月，一家韩国游戏公司发布了旗下的元宇宙平台，并且计划将2500名员工全部搬到元宇宙中上班。在该公司的演示视频中，员工只需要佩戴VR设备，再输入账号密码就能进入元宇宙，整个元宇宙的画面是一种轻松活泼的卡通风格。首先，映入眼帘的是公司总部大楼的复刻，"进入"公司后，大楼内部景观与现实场地没有太大差别，前台、门禁、电梯等一应俱全。操控角色到达指定楼层，就能看到自己平时的办公区。坐上工位之后，画面会从第一人称视角转变为模拟办公桌面，文件夹、日历、邮件、备忘录等基本的办公软件都以悬浮窗口的形式呈现在眼前。那么，你期待在元宇宙中办公吗？

技术科普

可能有人会疑惑，腾讯会议、企业微信等软件早就实现了线上办公，元宇宙办公与它们相比有什么区别呢？

首先，元宇宙办公需要构建三维立体化的办公场景，既可以对现实的办公场地进行一比一的复刻，设置茶水间、会议室、办公区、休息间等。也可以尽情放飞想象力，将环境变为清幽雅致的林中木屋、宏伟大气的会议礼堂、倚靠大海的海滨别墅等等。

其次，员工能够拥有专属的虚拟数字人形象，可以"捏脸"创造出自己想要的样貌，也可以随心所欲地进行服饰搭配。更关键的是，借助VR设备的躯体建模，员工可以操控这个虚拟形象在元宇宙里做出各种表情动作，身边的"同事"也不会像传统游戏中的角色一样"呆若木鸡"。

最后，元宇宙办公需要进行多人多终端的实时交互。想要在元宇宙里跟同事们见面，需要员工人手一副VR设备，同时还需要专业的网络技术来构建云端储存以及设计具体场景。

素养提升

元宇宙办公可以让员工不再为每日通勤奔波而苦恼，也使得居家办公不再是孤独的劳作。但要真正实现元宇宙办公，还需要克服以下几个困难：一是高昂的技术成本投入。为每个员工配备

VR设备、委托专业的公司开发和维护元宇宙场景的费用，可能远比租一层写字楼的租金和水电费要高出不少，一些小型企业可能难以承受这些费用。二是元宇宙办公并不适合所有行业。例如，对于生产销售实体商品的企业来说，元宇宙并不能实现隔空取物。相比之下，元宇宙办公模式更适合电商、互联网、游戏开发等以线上形式为主的行业。三是元宇宙的虚拟性存在负面影响。长期的虚拟办公可能不利于员工的身心健康和工作团队凝聚力的提升，这对企业的管理能力提出了更高的要求。

尽管当前元宇宙办公仍然处于萌芽阶段，但这种全新的办公模式或许会在某一天彻底改变我们的日常生活，让工作和生活的界限不再明显。但即便是在元宇宙里办公，用人单位还是要遵守《劳动法》等法律法规，保障广大劳动者的合法权益，不能因为元宇宙办公具有便捷性，就随意要求员工在工作时间以外加班。也不能因为元宇宙是虚拟的，就对员工肆意批判甚至是辱骂。

63 外卖骑手被算法"操控"怎么办?

数字故事

"叮!"随着手机的一声提醒,外卖小哥接到了今天的第一份配送订单,一整天的工作就此拉开序幕。然而,在算法的精心计划下,骑手们为了在有限的时间内送餐,引发交通事故的案例不胜枚举。2023年5月,赣州外卖骑手骆某为了节省派送时间,取餐后在辅道上逆行时与一辆轻型货车相撞,所幸因佩戴了安全头盔而未受到严重伤害。但骆某不仅因逆行的违法行为受伤,还需要承担事故的全部责任。骑手郭某在接受《法治日报》的采访时坦言,自己曾在一次配送过程中2次闯红灯、3次逆行:"我当然知道这很危险,可我如果配送超时,扣的钱比挣的还多。哪个骑手没闯过红灯,没超过速?"那么,外卖骑手如何才能摆脱算法的"操控"?

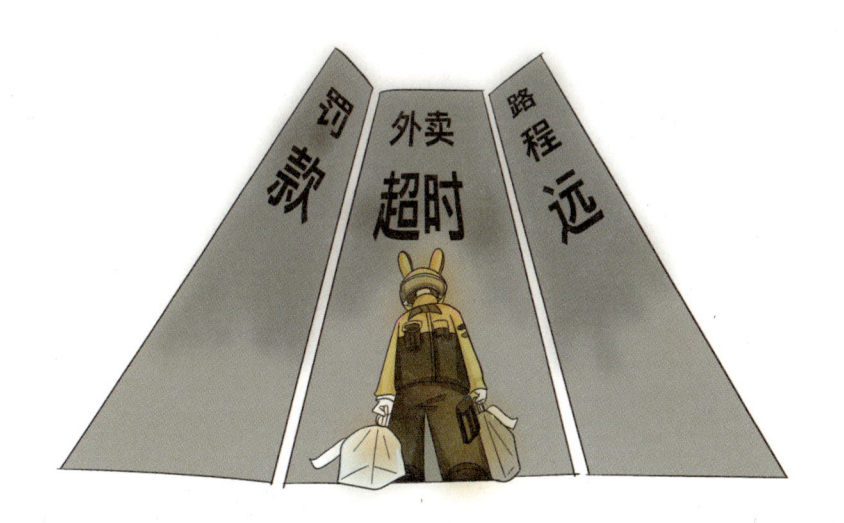

技术科普

为什么说外卖骑手被算法"操控"？这是因为外卖平台通过调度决策类算法，为骑手设置了订单的数量、配送的路径和配送的时限。犹如"监工"的算法为了实现平台的利益最大化，不断提高骑手们配送的效率。一旦算法过于严苛，没有充分考虑骑手在配送过程中可能遭遇的具体情况，如商家出餐慢、交通拥堵、恶劣的天气等，外卖骑手就只有提高配送的速度，避免因超时而遭到平台的处罚，从而面临要么"受罚"要么"受伤"的两难境地。

面对算法"操控"，如果骑手们不能忍受不公正的待遇，那么只能丧失工作的机会。与此同时，算法还存在歧视的问题，如女性骑手接到的订单远少于男性骑手。最令人担忧的是"算法黑箱"的存在，公众无法知晓算法运行的原理和决策的过程，甚至连设计者有时也无法解释算法输出的结果。这种情况下，我们就很难对算法的科学性与合理性进行监督和优化。总之，如果任由算法野蛮发展，受到"操控"的将不仅仅是骑手，我们每一个人都可能成为算法的"奴隶"。

素养提升

2021年7月，市场监管总局等七部门联合发布《关于落实网络餐饮平台责任切实维护外卖送餐员权益的指导意见》，要求保障外卖送餐员权益，要通过"算法取中"等方式，合理确定订单数量、在线率等考核要素，适当放宽配送时限，明确不能以"奥运冠军的水平作为普通人的考核标准"。

具体而言，就是通过改变算法设计，放宽骑手的配送时间和合理调整订单的数量，并且优化算法的逻辑和设置例外情形，充分考虑到骑手在实际配送中可能遭遇的特殊情况。例如，有的外卖平台通过将配送时间点调整为预计配送时间段，给骑手配送时间一定的容错率。不少主流外卖平台还定期公开所使用的算法优化方案，以落实"算法取中"的要求。

此外，要将骑手从算法"操控"中解救出来，不仅需要自上而下的规则构建，其实也与享受外卖服务的我们每个人有关。当为你送餐的骑手遭遇特殊情况时，多一分理解少一分苛责，不要随意地给辛苦送餐的骑手"差评"，让尊重与友善去温暖算法系统的冷冰。

64 网络主播与直播平台是什么关系?

数字故事

2017年1月,被誉为"王者荣耀一哥"的"嗨氏"与虎牙平台签订了一份合同,约定"嗨氏"跳槽的违约金为2400万元人民币,或者其在平台所有收益的5倍。此后,"嗨氏"在合同期限内跳槽至斗鱼平台,虎牙平台于是诉至法院,要求"嗨氏"赔付违约金4900万元,法院的判决最终支持了虎牙平台的诉求。而在主播"他神"与熊猫平台的纠纷中,法院却没有支持合同约定的5000万元违约金,仅支持了57万元违约金,原因是不认为"他神"与熊猫平台具有劳动关系。同样是"天价违约金",为何判决结果天差地别?网络主播与直播平台之间是劳动关系吗?

技术科普

要厘清网络主播与直播平台之间的关系，首先需要弄清楚二者之间的合作模式，在不同模式下，二者之间的关系会出现显著的差别。总体而言，网络主播与直播平台的合作模式分为"散养"和"圈养"两种模式。

对于有大量粉丝的网络主播而言，为获取更高的创作自主性和创作收益，他们大多不会选择与直播平台签订劳动合同。即使签订合同，其内容也极其宽松且限制较少，这种模式即所谓的"散养"模式。在这种模式中，网络主播享有相当高的自由度，网络主播以直播平台为媒介谋发展，直播平台也汇集大量的"散养"网络主播来丰富自身内容。只要不涉及严重的违规事件，二者通常是相安无事的，谁也管不了谁。

但对于直播平台"圈养"的网络主播而言，情况就截然不同了。直播平台通过与网络主播签订合同，对创作内容、收益分配、发展规划等事宜做出了明确约定，合同成为了双方之间除了网络平台基础规则之外的另外一层约束，也即约束双方的"圈"，身处约束之中的任何一方都不得肆意破坏约定。

素养提升

　　劳动关系的成立要求劳动者与用人单位之间具有从属性。对于没有与直播平台签订合同，或者只是签订了比较宽松、限制较少合同的主播而言，其与直播平台的关系仅仅只是合作关系，不存在劳动关系。

　　而对于签约的网络主播，因为与直播平台签有专门的合同，签约主播受到了直播平台的制约。因其合同内容具有较强的从属性、限制性，往往被认定为劳动合同，这样的网络主播则可以认为与直播平台具有劳动关系。

　　对于与直播平台具备劳动关系的网络主播而言，网络主播和直播平台都要受到《劳动法》《中华人民共和国劳动合同法》等法律法规的调整，双方的权利义务与普通劳动者和用人单位大致相同。因此，千万不要认为新兴的网络主播行业就是法外之地，无论是网络主播还是直播平台，都应当依照法律法规的规定行事。

65 "网红教师"竟然是数字人？

数字故事

"大家好,我是虚拟教师河开开。今后,我将为您播报开放教育服务的最新情况,希望大家多多关注!"一丝不苟的发型、精致淡雅的妆容、职业大气的粉色西装、温柔动听的声线……河南省首位AI虚拟教师河开开老师一经上线,便凭借自身独特的优势吸引了大家的眼球。据了解,这位AI虚拟教师主要负责向全省提供教学支持服务等工作。而在未来,随着数字技术的不断更新换代,学校还计划进一步拓展河开开老师的工作内容,包括提供远程答疑、教学辅导以及与真人老师开展双师同堂协助教学等。那么,对于这样的"网红教师",你会喜欢吗?

技术科普

人工智能等数字技术正在教育行业掀起一场变革，为教育行业带来全新面貌。早在2009年，日本就推出了机器人"萨亚老师"，给小学生讲课。2010年，韩国推出了机器人"蛋形老师"。2015年，我国一款福州造的"机器人老师"开始在部分城市的学校"内测"。

在人工智能技术的助力下，各种AI虚拟教师逐渐出现，通过数字技术将视频、语音、场景构建等技术应用于教学活动之中。例如，在历史课上通过修复还原技术重现历史人物；在物理课上通过深度合成技术构建虚拟物理场景；在语文课上通过智能交互技术领略诗词风采等。AI虚拟教师让学生能身临其境地畅游于知识的海洋，更加高效地进行学习。

相较于传统的真人教师，AI虚拟教师有它的优势。首先，AI虚拟教师没有时间和地点的限制，无论学生什么时候、什么地点想要学习，AI虚拟教师都可以开启教学模式。其次，AI虚拟教师可以根据学生的学习情况和特点来进行教学，在个性化教育方面可以做得更好。最后，AI虚拟教师还可以自动完成备课、讲课、批改作业、点名等工作，节约人力和财力成本。

素养提升

AI虚拟教师用数字技术赋能教学活动，大大提高了学生们的学习效率，通过新奇的教学形式和丰富的教学内容，加深了学生们对知识的理解和记忆。但是，AI虚拟教师并不是万能的，对于一些复杂的教学工作和流程设计，如启发式教学、预防式教学等，AI虚拟教师还难以替代真人教师。

与此同时，AI虚拟教师毕竟不是真人，在与学生进行沟通的时候缺乏真实的情感表达，也很难真正理解每位学生的真实需求，而缺乏人性的互动反而会降低学生学习的内在动机和积极性。例如，当学生对所学的知识在理解上存在偏差，需要教师进行及时点拨和主动引导时，AI虚拟教师可能会显得力不从心。此外，AI虚拟教师还存在网络安全的隐患，可能遭受到黑客程序或木马病毒的攻击，需要加强安全管理。

总之，AI虚拟教师的出现，可以帮助教师们分担一些简单重复的工作，但想要孕育出祖国美丽的"花朵"，仍然离不开教师们的辛勤"劳作"。

66 数字技术如何为盲人打开一扇天窗？

数字故事

"95后"小伙小朱因患病天生全盲，从小到大听得最多的一句话就是："你要好好学按摩，不然以后养活自己都成问题。"但视力缺陷并没有消减小朱追求梦想的热情，在付出巨大的努力自学了编程后，小朱萌生了一个念头：要让盲人群体也能感受到电子竞技的快乐。于是，小朱在2018年开始研发一款面向盲人用户的枪战游戏，并将其命名为"盲人版吃鸡"。这款游戏比较特殊，游戏的所有内容都是通过音效来呈现，屏幕自始至终都是一片漆黑，游戏玩家依靠枪声、脚步声来判断敌人和队友的位置。这恰恰符合盲人群体看不见却听得清的特征，让他们也能体验到游戏带来的乐趣。对此，我们不禁想要追问，数字技术还可以为盲人群体做些什么？

> 电子导盲犬让我的生活更加便利

技术科普

对于盲人群体而言，与人沟通、了解外界需要付出常人难以想象的努力，如今数字技术成为了他们最好的帮手。目前，市场上的主流智能手机都设置了"无障碍模式或者辅助听读功能"。例如，安卓和苹果系统都有自带的读屏软件，并且还设置了快捷开启方式。用户只需要长按两个音量键，或者连按三下电源键，就可以进入无障碍使用模式。这时候手机会通过语音的方式提示，并自动取消触屏操控功能，变为手势操作模式。

除了帮助盲人群体感知世界以外，数字技术还为他们提供了许多的就业机会。近年来，越来越多的企业在开发软件时会邀请盲人用户进行无障碍使用测评，为他们打造专属的使用功能，改善盲人群体的上网体验。此外，由于盲人群体普遍对听觉更为敏感，因而有不少关于顶级盲人调音师、资深盲人播报员等内容的新闻报道。

素养提升

美国盲人作家海伦·凯勒在《假如给我三天光明》里写出了所有盲人的心声："有时我在内心里呐喊着，让我看看这一切吧！因为单是摸一摸就已经让我感受到了如此巨大的快乐，那如果能看到的话，又该是多么让人高兴啊！"在数字技术广泛应用的今天，海伦·凯勒当年的愿望不再是不切实际的幻想。

近年来，国家不断加快推进无障碍立法工作，《中华人民共和国无障碍环境建设法》《互联网应用适老化及无障碍改造专项行动方案》《信息技术 互联网内容无障碍可访问性技术要求与测试方法》等法律政策和国家标准先后出台，对盲人群体如何更高效、更便捷、更安全地使用互联网技术进行了全方位的规定和引导。

有人认为，世界在为盲人群体关上一扇门的时候，也为他们打开了一扇天窗，如今在数字技术的赋能下，则是让这扇天窗更加宽敞、愈发明亮。当然，如果你在路上看到艰难前行的盲人，在按摩店遇到戴着墨镜的盲人按摩师，在公交车站看到坐着轮椅准备乘车的残疾人，请多多给予他们尊重、理解和帮助。比起数字技术，我们每一个人的爱心和善意更能为他们打开人生的"天窗"。

67 机器人做手术靠谱吗？

> **数字故事**

2018年10月，巴西的一位高龄患者接受了微创肝切除手术，该手术由马查多医生主刀，由机器人医生辅助完成。根据前期诊断，该患者体内有多达5个瘤体，其中一个是占据中央肝段的大型瘤。在长达7个小时的手术中，马查多医生与助手"达芬奇"手术机器人相互配合，后者在识别病灶和进行精准切除的过程中，发挥了至关重要的作用。据悉，患者在术后第四天就办理了出院手续，此后患者恢复良好，且未出现并发症。对此，我们不禁想要追问，你会信任一个机器人来做手术吗？

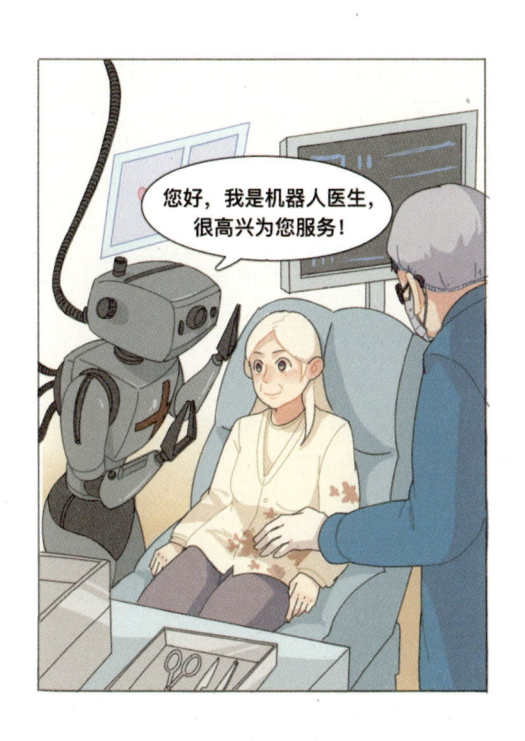

技术科普

1985年，出现了早期的医疗工业机器人"PUMA-560"，被用于临床手术。1992年，协助外科医生的"ROBODOC"面世，这是首个为临床需要而设计的机器人医生。而机器人医生真正地走向商业化，是在2000年"达芬奇"手术机器获批生产以后。"达芬奇"机器人是首个综合腔镜手术机器人，最初被用于治疗前列腺癌。经过几代的升级后，"达芬奇"机器人目前已经成为全球最受欢迎的手术机器人。

当然，与科幻小说中畅想的情景不同，目前的机器人医生还不能独立实施手术，手术仍然需要人类医生来主刀完成。机器人医生仅仅是辅助人类医生进行手术或者诊断的工具，治疗病人仍然依赖于人类医生的经验判断与亲自操作。但随着科技的不断发展，机器人医生将会越来越先进和智能，科幻小说中所描述的自主式机器人医生将不再是想象。例如，美国科学家团队研发的STAR机器人（Smart Tissue Autonomous Robot）就自主地完成了多次猪体组织缝合手术的实验，且表现优于人类医生。

素养提升

虽然机器人医生在许多方面都远胜于人类医生，但我们不能认为前者可以替代后者。医生除了有高超的医疗技术，更应有崇高的道德精神和人文关怀，重视与患者的情感沟通，取得患者的充分信任，这些是机器人医生目前所没有的。对此，前卫生部办公厅发布的《人工智能辅助诊断技术管理规范（2017年版）》明确规定："人工智能辅助诊断技术为辅助诊断和临床决策支持系统，不能作为临床最终诊断，仅作为临床辅助诊断和参考，最终诊断必须由有资质的临床医师确定。"2020年以来，国家药品监督管理局在审查批准肺结节CT影像辅助检测软件等多款医疗人工智能产品时，都特别强调"不能单独用作临床诊疗决策依据"，只能"提供给具有相应资质的临床医生作为参考"。

作为患者，当我们去到医院看病时，可以选择机器人医生为我们诊断和治疗，但也应当清楚地认识到，机器人医生需要在人类医生的监督下才能发挥作用。如果机器人医生出现诊断错误、治疗失误，那么背后的医疗机构以及人类医生需要为此承担责任。因此，当你去到医院发现手术室里还有一位机器人医生时，请不必感到惊讶和慌张。

68 机器人能当公务员吗？

数字故事

2023年2月，市民熊某来到江西南昌红谷滩区政务服务大厅办理排水许可证。与以往不同的是，这次为熊某提供服务的是政务数字人"小赣事"。熊某告诉"小赣事"，他需要办理排水许可证。随后，在"小赣事"的帮助下，熊某完成了材料申报，整个过程耗时不超过五分钟，大大超出熊某此前的预期。与此同时，自2023年3月起，江西赣州市行政审批局将推行政务数字人，逐渐替代人工窗口，建立全国首个数字政务云服务大厅。政务数字人"小赣事"，正在为越来越多的市民提供着高效、便捷的服务体验。这不禁让人感叹，机器人也能成为服务人民的"公仆"了。

技术科普

随着数字技术的迅速发展，人工智能技术不断赋能行政服务，政务数字人早已屡见不鲜。目前，除了江西省推出的政务数字人"小赣事"之外，各地也相继推出自己的政务数字人，比如深圳市龙华区的政务数字人"龙子婳"等。

政务数字人是政务大模型的最新应用，是人工智能技术、语音识别技术、视频分析技术等一系列新兴技术的集大成者。政务数字人的核心能力是智能交互能力，拥有这种能力的政务数字人可以精准识别前来办事的人的意图，并协同相关业务系统进行快速处理。因此，政务数字人具有快速、精准、服务好的特点。

政务数字人的出现提高了行政服务的效率，同时也减轻了行政人员的工作负担，降低了行政机关运行的成本。相信在不久的未来，将会有越来越多的数字人走上"公务员"的岗位。

素养提升

近年来，数字政府建设的脚步正在加快。2022年，国务院发布《关于加强数字政府建设的指导意见》，提出"持续优化利企便民数字化服务，提升公共服务能力"。2023年，中共中央、国务院印发《数字中国建设整体布局规划》，提出到2025年"政务数字化智能化水平明显提升"的目标。

政务数字人正是数字政府建设的一个具体应用。可以预见的是，在我们以后的日常生活中将会遇到越来越多的政务数字人。在面对政务数字人时，清晰的语言表达将会是我们快速办理行政事务的秘诀。毕竟政务数字人的语言识别与理解能力不如真人那么出色，需要我们尽量将关键词语和核心需要明白地表达出来，以便帮助政务数字人理解我们的意图，为我们提供对应的政务服务。

  当然，我们也有其他选择，当政务数字人不能满足我们的要求时，可以及时求助工作人员，毕竟提供人工服务仍然是政府部门的本职工作。此外，在享受政务数字人提供的服务时，我们也要注意保护自身的个人信息和隐私安全，只提供办事所必要的信息。如果政务数字人要求收集的个人信息超出了必要的范围，那么我们可以拒绝提供，并要求人工进行处理。

69 机器人会造成大规模失业吗?

数字故事

在电影《机器人总动员》中,人类因为污染问题不得不乘坐飞船进行宇宙旅行,并委托一家机器人垃圾清理公司善后,等待地球环境重新好转后再返回家园。随后,这家垃圾清理公司将不计其数的垃圾清理机器人"瓦力"送达地球,由"瓦力"们孜孜不倦地做环境清理工作。与此同时,在人类搭乘的飞船上也有型号各异的机器人,为人类提供各种各样的服务。除了"船长"职务外,大部分功能性岗位都由机器人承担,人类在飞船上尽情地享受生活。然而,当各种各样的机器人来到现实世界中,我们不免会担心,这些机器人会不会抢走人类的工作岗位?

技术科普

根据牛津大学经济学院的报告显示，在过去20年中，全世界使用的机器人数量已经翻了3倍，达到225万。其中，大约每3个新机器人中就有一个安装在中国。面对机器人的广泛应用，人们担心会出现新一轮的大规模失业问题。麦肯锡全球研究所声称，机器人和人工智能技术在影响人类就业方面，所带来的破坏将是"工业革命"速度的10倍、规模的300倍，而造成的影响则高达3000倍。有学者研究指出，机器人对就业的影响将波及40%的劳动人口，包括律师、医生、作家和科学家等职业。同时，更加糟糕的是，届时不会再产生新的工作岗位来替代消失的岗位。

当然，也有人认为上述担忧不过是杞人忧天，机器人淘汰的不是"我们"，而是我们目前的工作。自从第一个农场问世以及车轮被发明以来，这种情况就时有发生。从长期来看，这种暂时性的失业并不会演变为大多数人的永久性失业。因为随着社会的发展，大量的新工作岗位会不断涌现出来，人们能够从事的工作将会不减反增。

素养提升

随着机器人、人工智能技术的迅猛发展,"技术性失业"的阵痛正在到来,国家、社会、个人都需要为此做好准备。2017年,国务院《新一代人工智能发展规划》就提出,要采取有效措施应对人工智能发展对就业结构、就业方式的影响,建立终身学习和就业培训体系,提高就业人员的专业技能,满足人工智能发展带来的高技能高质量就业岗位需求。同时,鼓励企业和各类机构为员工提供人工智能技能培训,加强职工再就业培训和指导,确保因人工智能失业的人员顺利转岗。

对于我们个人而言,想要更加顺利地跨过这段阵痛,就需要对自己的职业提前规划布局,对可能出现的失业风险进行充分的准备。对此,我们需要了解机器人和人工智能擅长做什么,人类擅长做什么。对于机器人来说,它们最擅长的是知识积累,计算能力很强,能够胜任各种简单重复的体力和脑力劳动。而人类的优势在于情感力、创造力、想象力,更擅长解决开放式问题。

总之,我们每一个人都需要保持终身学习,不断提高自身的创新能力,唯有如此,才能避免被机器人和人工智能所替代。

第六编

数字生产

70 什么是大数据营销？

数字故事

2013年，百事公司通过大数据分析，最终选择了吴莫愁作为代言人。实际上，吴莫愁一出道便引发了许多争议，在百事公司的内部，也有人认为她不适合作为代言人。对此，百事公司通过大数据分析发现，吴莫愁具有相当高的美誉度，并且个性鲜明，带有很强的新生代印记。最终，百事公司从认知度、美誉度、相关性、差异性四个维度，借助大数据分析选择了吴莫愁。在代言百事广告后，吴莫愁跻身了"年度华语女歌手吸金榜"第一位，同时"吴莫愁代言百事"的相关检索量快速攀升，从而带动了百事品牌关注度的增长。对此，我们不禁想要追问，大数据营销到底是什么？为何如此神奇？

技术科普

所谓的大数据营销，就是借助大量数据的分析来发现隐藏内容、相关性、市场趋势、消费者偏好等信息，进而利用这些信息来帮助企业更好地营销产品和服务。与传统营销只关注生产方不同，大数据营销更关注对用户的个性化分析，不仅通过广告的精准投送，解决"什么人愿意买"的问题，还利用营销竞价模块，确定"卖多少钱才划算"的问题。同时，大数据营销还能借助监控预警手段实现对广告、定价的实时管理，保证"能够卖出去"。

此外，大数据营销还体现了经济学、心理学等跨学科的知识。例如，在经典的"啤酒与纸尿裤"营销案例中，商家就是通过对商品的销售数据进行分析，发现了"奶爸"们在照顾孩子后会习惯性地犒劳自己几瓶啤酒，于是将啤酒和纸尿裤打折捆绑销售，从而实现两种商品销量的突飞猛涨。

素养提升

大数据为人类提供了认识复杂世界的新思维和新手段，解决了市场信息机制不流畅的问题，不仅可以帮助企业主动发现潜在的客户，还能帮助消费者挑选出心仪的商品，有助于数字时代下经济的发展。

大数据营销为企业销售商品和服务带来了巨大的便利。以前那种企业雇佣大量销售人员走街串巷、吆喝叫卖的时代早已过去，现在谁占领了数据的高地，便是占领了营销的高地。无论你是掌管千万资产的企业家，还是便利店的老板，都可以尝试使用大数据智能营销系统，对自己的市场和客户进行精准分析，即时掌握确切的商业信息，提高商品的销售效率。目前，比较主流的大数据营销平台有"阿里妈妈""讯飞AI营销云"等。

当然，经营者在进行大数据营销时，应当遵守《数据安全法》《个人信息保护法》等法律法规，不得违法收集和使用数据，也不得垄断经营和恶性竞争。对于消费者而言，在面对消费网站"精准轰炸"的营销广告时，要保持理性的消费观念，同时建议货比三家，避免被大数据"杀熟"。

71 谁享有数据权利？

数字故事

在腾讯公司诉搜道公司不正当竞争案中，原告开发运营了个人微信产品，为用户提供社交服务。被告开发运营了"聚客通群控软件"，为用户提供自动点赞朋友圈、自动通过好友申请等服务。原告诉称，其对于所控制的微信平台数据享有数据权益，被告方构成不正当竞争。对此，被告辩称，涉案数据系用户提供的个人信息，原告方不享有数据权益，不存在不正当竞争的情形。本案是数据权属争议的典型案例，双方各执一词，似乎都有道理。这不禁让人疑惑，究竟谁享有数据权利呢？

> **技术科普**

当前,数据的生产要素地位已经获得普遍认可,人们将数据比喻为数字时代的石油,足以看出数据的重要性。这意味着数据会产生利润和效益,是能源,是生产资料,也是企业的竞争优势所在。同时,与石油属于消耗品不同的是,数据属于可再生资源,会随着数字技术和数字社会的发展源源不断地产出。从这个角度来看,数据可能比石油更具价值。

作为一项新型生产要素,人们对于数据权利的归属存在着不同的认识。有人认为,数据企业对于收集的数据享有数据财产权,这种权利来自于用户的人格权。也有人认为,用户和数据企业都对数据各自享有权利,二者并行不悖,互不打扰。有人则认为,企业收集、处理数据的过程类似建造房屋等事实行为,由于企业在这一过程中付出了大量的时间、金钱和技术成本,理应对数据享有权利。司法实践中,关于数据权属的争议也经常出现,开头的案件就是典型代表。

素养提升

　　数据作为一种基本生产要素，需要准确界定数据的权属，这直接关系到企业的切身利益。2022年12月，中共中央、国务院发布《关于构建数据基础制度更好发挥数据要素作用的意见》，提出根据数据来源和数据生成特征，分别界定数据生产、流通、使用过程中各参与方享有的合法权益，建立数据资源持有权、数据加工使用权、数据产品经营权等分置的产权运行机制。

　　对于普通人来说，我们需要关注个人数据的保护与利用。根据《深圳经济特区数据条例》的规定："个人数据，是指载有可识别特定自然人信息的数据，不包括匿名化处理后的数据。"由此可见，信息与数据是内容与载体的关系，信息是数据的内容，数据是信息的载体。因此，保护个人信息就是保护个人数据。

　　此外，我们也可以通过合法购买、租赁等方式获取和使用数据产品，从而享有数据权益。如果因为数据权属发生纠纷，可以选择协商处理，也可以向法院起诉，维护自身合法权益。总之，数据与我们每个人的生活、生产乃至生存都息息相关。

72 什么是数字税？

数字故事

2017年，法国向欧盟提议组建数字常设机构，同时征收数字税，但因为争议过大，提案被搁置。2019年7月，法国参议院正式通过了征收数字税的法案《开征数字服务税暨修改公司所得税降税路径法》，成为了全球首个开征"数字服务税"的国家。据报道，目前已有法国、英国、意大利、西班牙、奥地利、马来西亚、捷克、土耳其、新加坡以及印度等30多个国家进行立法，就数字界面、互联网广告、社交媒体、线上购物、搜索引擎等平台服务征收数字税，其中捷克、土耳其的税率甚至高达7%。那么，什么是数字税呢？

技术科普

数字经济跨越时空，产生了跨境税收的难题，数字税应运而生。所谓数字税，又称数字服务税，是指对数字服务交易征收的各种税的统称。简单而言，就是对总部不在本国，但是通过网络等信息途径提供数字服务超过一定规模的企业进行征税。

经济合作与发展组织（OECD）是最早研究数字税的组织，最初是为了防止跨国互联网企业到低税率国家逃税避税，后来逐渐演变为国家之间关于跨境互联网科技企业的税收利益分配之争和贸易摩擦。从全球范围来看，欧洲在数字税立法方面十分激进，法国、英国、意大利等国都通过了数字税方面的法案。这背后的原因主要是欧洲在数字经济领域缺乏大型的互联网企业，不仅让欧洲各国难以在数字经济领域分到一杯羹，还使得欧洲各国的传统经济受到了冲击，本国的税收大幅减少，失业率不断增加。虽然欧洲在征收数字税时没有明文指出，但其课税主体大多针对美国企业，比如谷歌、苹果、脸书、亚马逊等大型科技企业。

素养提升

目前，我国尚没有征收专门的数字税，对互联网企业的征税模式仍然以增值税等传统法定税种为主。随着数字经济的兴起，我国需要在法律层面上及时对数字税问题做出回应。2020年12月15日，财政部原副部长朱光耀在第四届中国互联网金融论坛上谈到，是时候对数字税收进行总体研究了，不仅是国际的数字税收问题，还有国家内部的数字税收问题，特别是对拥有大型科技、大型数据、巨大消费者流量的网络平台，需要对其数字税收问题展开一系列针对性研究。

与此同时，数字税的纳税人主要是参与数字经济的企业，个人一般不会直接接触到数字税。当然，企业的纳税成本会通过市场定价的方式转移至消费者，如日常生活中的数字产品或者服务（数字专辑、数字藏品等）的价格有小幅度的上调。但这并不意味着征收数字税对企业和消费者就是百害而无一利。一方面，数字税的税率会根据市场规律、经济发展水平进行科学规定，不会显著加重企业和消费者的经济负担。另一方面，税收取之于民，用之于民。数字税的征收有利于规范数字经济健康发展，缩小贫富差距，扩大基础设施建设，让政府更好地服务于数字经济的发展。

73 二维码如何改变世界？

数字故事

1949年，日本电装公司从丰田汽车公司独立出来，其主要业务是为丰田公司提供汽车零配件。由于汽车零配件内部所包含的信息非常复杂，而传统的条形码信息容量较小，导致很多信息无法储存，人们无法准确区分这些零配件。因此，如何在零件标签上标注更多的产品信息，成为了日本电装公司迫切需要解决的技术难题。电装公司成员原昌宏受到了围棋的启发，让条码像围棋那样呈矩形排列。很快，由大大小小的黑白图案相间组成的二维码诞生了，并且迅速取代了传统的条形码。毫不夸张地说，二维码已经改变了我们的世界。

技术科普

二维码又称二维条码，是指用特定的几何图形按照一定规律在平面（二维方向）进行分布的黑白相间的图形，以此来记录数据、符号等信息。从分类上看，二维码可以分为行排式二维码和矩阵式二维码两种。其中，建立在一维码的基础上，需要堆积成两行或者多行的二维码是行排式二维码。而在矩形空间内，通过黑白方块在矩阵中的不同分布进行编码的是矩阵式二维码，又叫棋盘式二维码。在这当中，二维码中的黑色方块代表二进制中的"1"，白色方块则代表二进制中的"0"。

与一维码相比，二维码的优势在于能同时在纵横两个方向记录和表达信息，这就极大地增加了编码的容量，从而有效解决一维码编码不足和编码加密机制过于简单的问题。除此以外，二维码还具有容错率高、具备纠错功能等优势。例如，即便遮挡二维码30%的面积，仍然可以扫码准确查看其中储存的信息。因此，相较于一维码，二维码有着更为广泛的应用领域。

素养提升

随着数字时代的到来，二维码在我们的日常生活中随处可见，如超市购物付款、乘坐公共交通、扫码添加好友等。用户在扫码时，只需打开二维码相关的APP，进入"扫一扫"界面，然后将摄像头对准二维码，即可完成扫码。但需要注意的是，二维码背后也暗藏安全风险。2019年7月，在扬州火车站附近，有人通过免费赠送小礼物的方式，诱导路人扫描二维码，导致多人手机中毒、个人信息泄露、银行卡和社交账号被盗用。

因此，我们在日常生活中扫描二维码时，应当注意以下几个问题：首先，扫码前应当与二维码的提供者进行充分交流，在确认其安全有效的情况下再进行扫码。其次，不轻易扫描陌生人提供或者公共场合的二维码，避免个人信息泄露、银行卡和社交账户被盗用。最后，妥善管理好自己的二维码，避免被有心之人利用。作为消费者，在支付完毕后应当及时关闭二维码界面或者手机屏幕。作为商家，应当定期更换、核实自己店铺的二维码，或者将收款二维码置于高处等不易被私自更换的地方。

总的来说，二维码给人一种"麻雀虽小，五脏俱全"的神奇感觉，很好地诠释了数字科技更精巧、更先进的技术特点。

74 OA系统如何帮我们节省人工成本？

> **数字故事**

作为一个"上班族"，你是否曾因为错过重要通知而懊悔不已？在执行任务时，你是否曾因为无法及时获得领导的指示而被迫搁置？在报销账目时，你又是否曾因为表格填写不规范而往返于办公室之间？

张某在一家公司担任中层领导，管理着近20人的队伍，日常主要负责对手下职员的工作进行协调。后来，公司引入了OA系统。张某发现，原本需要自己逐一交代给职工的信息，通过OA系统就可以一次性完成共享。同时，在使用OA系统后，工作团队对于办公用品的消耗大幅减少，完成同类型任务所耗费的时间与以往相比也大幅降低，团队的整体办公效率显著提升。那么，OA系统究竟是如何帮助我们节省人工成本的呢？

技术科普

OA 系统是办公自动化（Office Automation）的简称。简单来说，OA 系统就是企业用于办公管理的软件，其将现代化办公与计算机网络功能相结合，方便企业进行内部管理，规范企业内部的工作流程，从而提高整体的管理和运营水平。

OA 系统在我们的生活中十分常见，比如钉钉、企业微信。OA 系统为企业提供项目流程审批、团队即时沟通、内部文档管理、线上会议召开等多项服务。随着时代的发展，为了方便管理，很多企业都开始使用 OA 系统，将其作为协调内部工作的系统平台。OA 办公作为一种新型办公方式，已经成为企业、行政部门办公的必备工具。

相较于传统的办公方式，OA 系统让整个办公流程规范化、模块化，加快办公流转的速度，真正做到"流程统一、责权分明、管理高效"，减少员工不必要的实地跑动。同时，OA 系统还让办公的时间和地点更加自由，让身处异地的员工也可以在同一个平台办公。此外，OA 办公还实现了无纸化办公，减少纸张的消耗，让工作方式更加环保。

素养提升

面对数量众多的 OA 系统，企业应该如何选择呢？一方面，OA 系统的种类和功能十分丰富，因此企业在选择 OA 系统之前，需要明确自身使用OA系统的具体场景以及对OA系统期待的使用功能，按需选择，避免成本浪费。例如，一家主要以填写报表为工作内容的数据企业，其在选择时就不必强求OA系统具备直播等不必要的功能。

另一方面，企业在购买时尽量选择在业界具有良好口碑的OA系统。毕竟在安装OA系统后，海量的数据都将录入到该系统之中。选择一个靠谱的OA系统，不仅能够确保重要数据和商业秘密的安全，还能够使系统稳定运行，有效避免后续使用中可能出现的维修成本和麻烦。

75 物联网是张什么样的网?

数字故事

泰华公司是国内为城市基础设施提供智慧化产品及方案的公司。随着智慧城市建设进程的加快,泰华公司逐渐意识到,当前的城市公共照明系统存在路灯维护效率低、照明能耗大、管理方式单一等多个问题,于是试图寻找新的城市路灯管理方案。为此,泰华公司选择将窄带物联网(NB-IoT)作为城市智慧照明的解决方案,因其具有海量连接、超低功率、安全系数高等优势。此后,泰华公司提出的这一智慧照明解决方案,与华为公司以物联网等技术打造的物联网生态系统相联合,为市场上的智能照明设备提供了更加安全的管理方案。2017年,该解决方案正式落地江西省鹰潭市信江新区,成为全球首个窄带物联网智慧照明规模化应用项目。那么,物联网到底是什么样的科技呢?

技术科普

随着智能手机的广泛应用，任何数据都能进行即时传递，实现了人与人之间的互联。那么，世间万物是否也能连接在一起呢？答案是肯定的。作为互联网的自然延伸和拓展，物联网就是通过信息技术，如传感器、红外感应器、视频监控等，把各种物体与互联网连接起来，以实现物与物、人与物之间的实时信息交换和通讯，从而达到自动识别、定位、跟踪、监控和管理的目的。

那么，物联网技术究竟是如何运作的呢？以日常生活中比较常见的汽车远程启动为例，当车主在手机上点击启动汽车的按键后，该指令就会从车主手机发送至云端平台，然后云端找到接入互联网的车端电脑并向其发送指令，车端电脑就会执行该指令从而启动引擎。与此同时，车端电脑又会再次将该执行结果发送回云端平台，这时候车主就能通过手机实时了解汽车当前的剩余油量、车内温度、轮胎胎压等车况，从而实现了人、汽车与互联网之间的数据和信息交互。

素养提升

物联网是数字经济时代的三大信息技术之一，也是新一轮科技革命的主要标志，具有广阔的应用前景。

当前，物联网已经深度融入我们的生活，极大地促进了产业的智能化和网络化发展，同时也为智慧城市建设作出了巨大的贡献。例如，在医疗领域，医院可以利用物联网技术建立电子病历，医生仅需识别患者的身份证或者就诊卡，便可以充分了解患者在本院的就诊信息。再如，在农业生产领域，农业工作者可以利用物联网技术，在计算机上了解不同土地不同时期下的病虫害状况、土地肥力、作物生长等信息，以便更好地管理农业事务，让作物丰实丰收。

但需要注意的是，在推动物联网发展的过程中，其隐藏风险也不容忽视，如不法分子通过扫描软件非法入侵家庭摄像头，造成大量用户数据泄露。对此，消费者在使用具有物联网技术的各类设备时应当提高警惕，不断增强网络安全意识，避免个人信息和隐私泄露。同时，国家也需要不断完善相关政策法规，为物联网技术的发展构筑制度屏障。

76 黑灯工厂真的不用开灯吗？

数字故事

在"黑灯工厂"出现之前，生产出一辆完整的汽车所耗费的时间相当漫长。然而，在重庆赛力斯两江智慧工厂里，冲压完成一套汽车零部件仅仅需要5秒钟，平均2分钟就可以顺利下线一辆成品车。走进这间工厂，可以看到1000余台智能机器人在繁忙地"工作"，激光焊接在高速运转，AGV小车在有序行驶着……得益于"黑灯工厂"的成功建设，不仅让工厂产品的生产效率提升了15%，产品缺陷率下降了20%，还让运营成本也下降了20%。对此，我们不禁想要追问，到底什么是"黑灯工厂"？"黑灯工厂"真的是指不用开灯的工厂吗？

技术科普

"黑灯工厂"又称智慧工厂、智能工厂、数字工厂，是指即使在不开灯的情况下仍然可以高效运转的工厂。但是，"黑灯工厂"并非是一片漆黑的，因为车间内有很多智能识别系统，比如生产车间常用的二维码识别、视觉检测系统等，在没有光线的情况下是无法运行的。因此，"黑灯工厂"的称谓主要是为了突出生产方式的高度智能化。

从传统工厂升级为"黑灯工厂"，并非只是简单地将生产线上的工人全部换成机器，而是需要对整个工厂进行智能化更新。首先，"黑灯工厂"需要一套智能控制系统，用于收集工厂在生产过程中的大量信息，以此对后续的生产计划进行及时调整。其次，"黑灯工厂"的运行还需要协调生产的各个流程环节。如果在生产过程中出现指令冲突的情况，就需要控制系统对整个生产流程进行综合判断，并提出修改建议，从而保证工厂以最高的效率完成生产。最后，"黑灯工厂"还需要配备无人车，综合利用物联网、激光雷达等技术，使各个工种的机器人能够顺利完成自己的任务，从而实现生产、存储、搬运、检测整个流程的智能化。

素养提升

在全球产业链重组的大背景下,制造业的转型升级成为国家经济发展的重要内容。对此,我国积极响应工厂数字化转型的发展规划。2021年12月,工业和信息化部等八部门联合发布《"十四五"智能制造发展规划》,提出到2025年,规模以上制造业企业大部分实现数字化网络化,重点行业骨干企业初步应用智能化;到2035年,规模以上制造业企业全面普及数字化网络化,重点行业骨干企业基本实现智能化。因此,在"十四五"以及未来相当长一段时期,我国将持续推动制造业实现数字化转型、网络化协同、智能化改造。

"黑灯工厂"是工业生产领域的一次重大革新,许多在传统生产中需要由人力完成的工作都可以由机器来代替,部分危险行业也能保质保量地完成生产任务,有效降低了人工成本,产品质量也得到进一步的提升,是传统工业数字化转型、网络化协同、智能化改造的集大成体现。相信在不久的将来,随着数字技术的不断成熟以及数字经济的进一步发展,我国制造业的各个细分领域会涌现出更多的"黑灯工厂"。

77 3D打印可以用来盖房子吗？

数字故事

2023年春节前夕，河北省下花园区武家庄村的一座住宅被评上了河北省"十佳百优美丽庭院"。与一般农宅有所不同，这座住宅是由清华大学徐卫国教授和他的团队精心设计的，是全国第一栋完全由3D打印混凝土技术建造的房屋。该住宅占地106平方米，建筑时间不到两个星期，建造成本仅需20万元。在施工现场，仅有一台3D打印机和五六名工人在工作。与以往类似的工程相比，该工程的开展不仅减少了一半的人力，施工周期还大大缩短了。对此，有人不禁感叹，3D打印原来真的可以用来盖房子啊！

技术科普

传统制造工艺一般采取的是减材制造技术，就是从一块材料上去除多余的部分，逐渐"雕刻"成所需要的物品，可以认为是对原材料的一种"减法"，比如五金零件就是在铸铁块上利用模具刻出来的。显然，这种工艺技术会造成资源的浪费，也会导致更高的制造成本。与之相反，3D打印技术是一种增材制造技术，是以三维模型数据为基础，运用粉末状或者塑料等可黏合材料，采用逐层叠加的方式生产物品的技术。这不仅可以提高材料的利用率，缩短生产周期，降低制造成本，同时还能够减少废物排放，具有一定的环保作用。

在很多人眼里，3D打印技术只是创意行业者用于制造模型的工具。实际上，3D打印技术已经广泛应用在生活、生产等各个领域了。在建筑行业，如上述故事中的徐卫国教授团队运用3D打印技术打印建筑物。在医疗领域，3D打印技术可以根据患者的个体特征和具体需求，打造出专属义肢，帮助肢体残障人士更好地生活。在农业生产领域，3D打印技术可以根据环境状况、作物需求，制造出稀疏或者严密的种子外壳，既能保护种子不受外界伤害，又为种子的正常生长发育留足空间。

素养提升

随着科技的不断发展，3D 打印技术得到更广泛更深入的应用。那么，普通家庭有机会使用 3D 打印吗？答案是肯定的。我们只需要在购物网站上以"3D 打印机"为关键词进行搜索，就可以看到价格从几千元到几万元不等的各种类型的 3D 打印机。如果消费者对 3D 打印感兴趣，可以在平台上进行购买，然后按照使用说明完成相应操作，即可上手体验一番。有人用 3D 打印机打印出了玩具，有人打印出了手机支架，还有人打印出了插座防水盒。当然，在技术允许的情况下，我们还可以尝试自己建模，然后用打印机将其打印出来，实现自己天马行空的想象。

近年来，随着 3D 打印机的价格日益亲民，使用门槛不断降低，3D 打印机开始逐渐从小众爱好群体向社会大众普及，相信未来会有更多的消费者能够体验到 3D 打印技术的乐趣。大到建筑房屋，小到玩具饰物，3D 打印技术通过一层又一层材料的堆砌，筑成了人们放飞想象力的垫脚石，让一瞬间的思维灵感，具体化为现实世界触手可及的物品。我们相信，未来 3D 打印技术会在更多领域发挥重要作用。

78 什么是数字孪生？

数字故事

在全球疫情的大背景下，北京冬奥会的筹办工作面临着巨大的挑战。为此，英特尔联手合作伙伴为冬奥会打造了"VSS数字孪生场馆模拟仿真服务"，通过人工智能、虚拟现实等技术，将12个竞赛场馆、3个奥运村以及主媒体中心三维可视化、动态化和数字化。该模拟仿真服务对场馆的内外布局和建筑元素进行精准复刻，以虚拟建模的形式为现实世界当中的彩排演练、应急预演等工作，提供场地辅助。各国运动员也可以通过虚拟场景在线上提前挑选好自己心仪的房间，有效帮助运动员们尽早适应环境，做好赛前心理准备。这项技术如此神奇，不禁让人想要追问，数字孪生到底是什么？

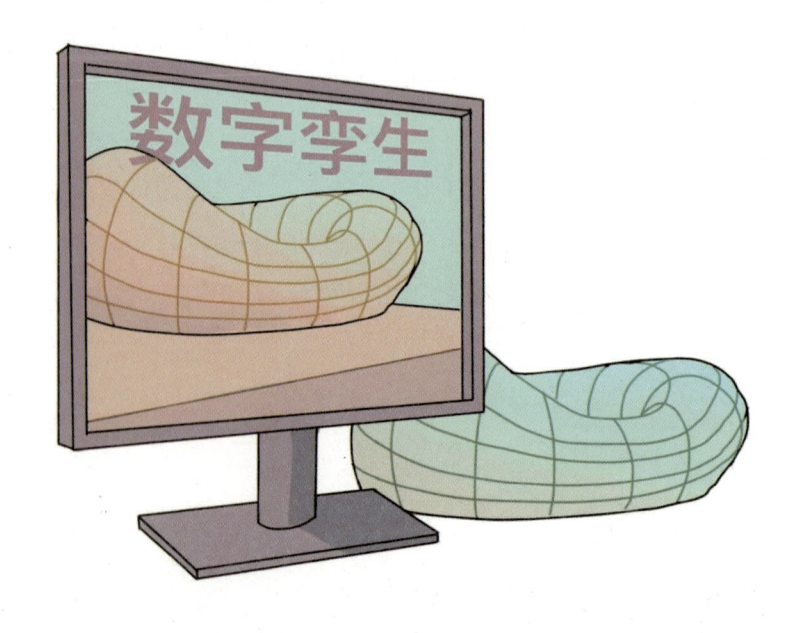

技术科普

数字孪生，也称为数字映射、数字镜像，是指在数字空间内借助虚拟演播、动作捕捉等技术对现实世界的静态或者动态场景进行还原复刻，创造出一个尽可能接近现实的虚拟物。与二维或者三维的设计图纸有所不同，一方面，数字孪生创造的虚拟物体能够与现实世界的实体进行即时同步，如果现实实体发生了环境、结构等方面的改变，也会马上在数字孪生物体上进行呈现。另一方面，这个虚拟物体能够通过大数据、人工智能等技术，模拟和预测现实实体的运动轨迹、未来走向，比如模拟大型场所内出现突发事件后的应急处置。

数字孪生技术在医疗、军事、餐饮、航空航天、新能源等多个领域展现出良好的应用前景。例如，在军事领域，作战指挥员借助数字孪生模拟真实战场环境、敌军攻防态势，全面掌握、精准预判战场局势和战争走向，堪称数字时代下的沙场点兵。在医疗领域，数字孪生技术可以帮助医护人员实现医疗设备和人体运作机理的动态监测，促进科研创新向临床实践转化，提升医疗发展水平。

素养提升

　　近年来，数字孪生被广泛应用于城市建设和管理当中，有关部门可以在数字世界预演天气环境、基础设施、产业交通等运行场景，绘制出城市画像，推动城市建设综合发展。

　　对于企业而言，可以利用数字孪生技术降本增效。以制造业为例，在产品设计研发阶段，生产者可以借助数字孪生技术构建出产品工作的仿真环境，观察产品在不同参数下的运行状况、工作质量等指标，以便在研发环节就能发现产品的设计缺陷，及时修正设计方案，避免规模化生产后出现产品缺陷、召回等情形。而在生产制造环节，企业借助数字孪生技术能够及时了解产品的生产进度、废品率等指标，实时监控产品的生产过程，提高产品的成品率，减少资源和成本的浪费。

　　当然，在应用数字孪生技术时，企业、政府以及其他主体需要注意数据传输与储存的安全问题。对此，企业等主体需要遵守相关法律法规，同时加强技术建设。同时，主管部门也需要不断完善法规政策，为数字孪生技术的健康发展给予引导和规范。

79 区块链究竟是什么链？

第六编 数字生产

数字故事

2018年11月21日，古井贡酒摘得世界首个区块链广告，其广告语"古井贡酒，大国浓香；年份原浆，世界共赏"登上以太坊（ETH）公链平台。此广告一经发布便永久留存，任何人都无法对其进行更改或者删除。随着宣传广告的成功上链，古井贡酒的生产、销售及购买等环节也将同步上链，区块链不可更改、可溯源的特点进一步保证了古井贡酒的产品质量。古井贡酒广告的成功上链，不仅是中国白酒品牌走向国际化的一次勇敢尝试，也是"区块链+品牌"应用的一次创新实践，在世界广告史上具有重大意义。对此，不禁让人好奇，区块链到底是什么链？

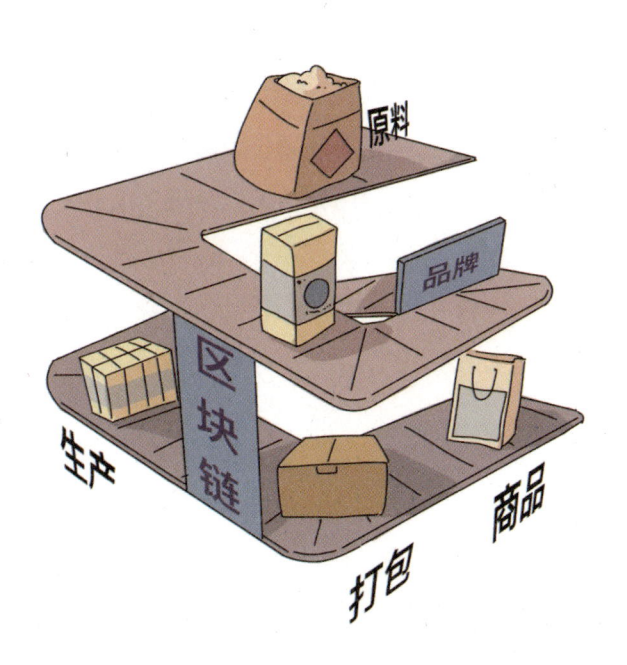

> **技术科普**

  区块链结合了计算机编程、通讯工程、密码学、数学等技术和原理，将用户的交互信息存储在某一区域，然后将这些区域按照一定的逻辑连接在一起。与传统的集中式数据储存方式有所不同，区块链采取的是去中心化的分布式数据存储方式，信息交互者无须依赖中心机构，只需要相互连接就可以独立储存和传输信息。

  打个比方，以公司管理为例，一般情况下由财务和出纳负责公司账目的统计和管理，其他人员无权参与财务工作，这就是"中心化"。而财务和出纳可能会出现篡改账目、挪用公款的情形，此时其他人员由于不了解财务状况，难以在事前进行预防、在事后进行追责，这就是"中心化"的弊端。为此，我们可以让整个公司的工作人员都进行记账，公司的每一笔收支都要如实记录在每一个账本上，并且每日进行汇总，查实无误后，明天以今天的账目为基础继续进行记账。在这个过程中，人人独立记账就是"去中心化"，汇总统一的当日账本就是一个"区块"。

素养提升

作为一个开放、低成本、安全的信息存储系统，区块链在广告宣传、数据管理、资产存储、供应链管理等各个领域都发挥着重要作用。对商家而言，产品上链可以让消费者通过扫码追溯产地、原材料、工艺等产品信息，帮助商家短时间建立产品防伪认证机制，保证商品质量，维护商家口碑。对文艺创作者来说，将数字签名以及手稿、照片、图画等作品上传至区块链，能够快速完成作品确权，并且储存在区块链上的电子证据有助于日后纠纷的妥善处理，有效保护创作者的知识产权。在金融行业，区块链分布式的记账方式大大降低了跨行和跨境交易的难度。同时，区块链的底层加密技术确保了交易的透明安全，也方便监管部门追踪风险资金的流向。

对于普通用户来说，在使用区块链服务时应当选择正规的平台，注意甄别打着"国家级""唯一合法"等旗号的区块链，避免被虚假宣传误导。目前，提供区块链服务的平台有以太坊、百度超级链等。

80 云计算有什么用？

数字故事

2019年11月22日，中国工程院公布了当年的院士增选名单，王坚赫然在列。在院士单位大多都是科研院校或者国有企业的背景下，王坚为阿里巴巴增添了不少光彩。而为王坚院士"正名"的，正是他多年来潜心研发的阿里云。时间回到2009年，王坚加入阿里巴巴，成立阿里云研发团队。在那个2G迭代至3G的年代，没有人看好云计算。但王坚始终坚信，数据流量时代终会到来，云计算是不可绕过的技术关卡。时至今日，阿里云已经成为国内乃至全球知名的云服务提供商，为各行各业提供着强大的计算和数据处理服务。那么，云计算究竟是什么？又有什么用呢？

技术科普

·为什么叫"云计算",而不是"风计算""雨计算"?有人认为,云没有实体,符合云计算虚拟化、灵活性的特点。有人则认为云计算的名称最早是由谷歌提出的,因为多个服务器图标的网络图就像一朵云。尽管云计算的定义不尽相同,但其内核就是共享共用算力资源。云计算的历史可以追溯到20世纪60年代。1961年,人工智能之父约翰·麦卡锡在美国麻省理工学院一百周年纪念典礼上,提出了"Utility Computing"的概念,中文翻译为"公共计算"或者"公有计算",意为计算机的算力能像水、电、燃气一样,成为公共产品,公众各取所需,并且按需收费。

云计算可以根据目标客户大致分为两类。一种是面向个人的云计算服务,比如百度网盘、苹果的iCloud等,其主要用于数据存储。另一种是面向企业的云计算服务,比如华为云、阿里云等,其应用于企业经营的各个方面。在传统技术下,企业要么耗费巨大的成本用于开发和维护应用程序,要么直接放弃网络化、数字化的经营内容。云计算的诞生,很好地解决了企业所面临的两难窘境。在云计算的加持下,应用程序将在一个共享的数据中心运行,企业不再需要投入过多的成本。

素养提升

云计算技术与我们的生活和生产息息相关。比如，在新冠疫情期间，阿里云宣布向全球公共科研机构免费开放AI算力，加速新药和疫苗的研发。在出行运输方面，承载国民出行重任的铁路12306与阿里云进行技术合作，保证春运等高峰时期系统能够正常运行。在信息通讯领域，中国联通的联通云犀能够帮助企业实现手机号卡集约化管理，提升管理效能。

目前，市场上有阿里云、腾讯云、百度智能云等云服务提供商可供消费者选择。无论是企业还是个人，都可以根据自己的需求选择云计算服务。对科研工作者来说，可以利用云计算构建模型进行模拟实验、分析实验数据。如果是技术人员，则可以用云计算完成测试研发等任务。即便是在日常生活中，我们也会用到云计算技术，比如各类网盘、搭建个人网站或者社区论坛等。

在数字时代，数据被誉为取之不尽、用之不竭的石油，算力相当于钻头、钻机等石油开采设备。没有算力的支持，数据只是毫无意义的"0"和"1"的排列组合。云计算的实质就是算力的汇总，帮助我们开采发掘出更多更珍贵的数字宝藏。

81 数字技术如何让种田更科学？

数字故事

34岁的棉农阿不力克木·白克力今年承包了1000多亩地用来种棉花。在今年播种期间，他借助装有北斗自动导航辅助驾驶作业系统的播种机，短短几天就完成了春播。而在收获棉花时，阿不力克木只雇了一台六行采棉机，三天左右就完成了所有棉花的采摘工作。这款采棉打包一体机实现了采棉、集棉、打包、逐出和丢包功能的一体化，让新疆棉花的生产过程充满了科技感。阿不力克木告诉新华社记者，过去1000多亩棉花需要六七十名采棉工用两个月时间才能采完。如此高效的种植效率，放在以前是难以想象的，而这背后的最大功臣，正是数字技术加持的各种智能农机。

技术科普

数字技术的应用使农业生产更加数字化、智能化，让种田变得更加高效和科学。智能农机是当前数字技术在农业领域的典型应用，是指将计算机技术、网络技术、通信技术、控制与检测技术等前沿科技运用到农业机器设备中，从而促进传统农业机械的智能化发展，大幅提高农业生产效率。目前，智能农机广泛应用于种子播种、田间管理、施肥喷药、作物收获等种植过程，比如智能拖拉机、智能无人喷药机、自动除草机等等。

智能农机之所以神奇，主要依靠智能感知、智能决策、精准作业和智能管控四种技术。首先，智能农机可以借助雷达扫描、卫星定位等技术收集农作物的生长环境、作物长势等信息，准确了解农作物的生长状况，及时发现农作物在生长过程中出现的问题。其次，智能农机可以通过机器学习算法，分析传感器中的作业数据，然后结合知识库和数据库的信息，合理规划土地使用、播种密度、化肥和农药浓度。再次，精准作业技术将定位导航、无人驾驶技术与智能控制技术相结合，使智能农机胜任不同场景下的农业生产任务。最后，远程监控能够帮助农业生产者实时了解农机的运行状况、工作进度和作业质量，确保农机高效完成农业工作。

素养提升

近年来，国务院印发了《关于做好2023年全面推进乡村振兴重点工作的意见》《关于加快推进农业机械化和农机装备产业转型升级的指导意见》等多个政策文件，明确指出要积极推动智慧农业建设和智能农机应用。全国各地积极响应国家号召，以数字化赋能农业生产，大力推广智能农机装备应用并为农户提供相应补贴。

如果农户有购置智能农机装备的需要，可以在互联网上了解所在区县的相关补贴政策，或者在微信公众号搜索所在地区的农业农村局发布的相关信息，了解农机装备的补助范围和补贴金额。如果对具体政策有疑问，还可以拨打相关机构的电话进行咨询。

当前我国正处于传统农业向现代化农业转型的关键时期，需要不断推动大数据、物联网、云计算、无人机等数字技术与农业生产的深度融合，推动农业生产不断走向现代化、智能化、科学化。

82 数字技术如何助力绿色发展？

数字故事

"我来阿里只做一件事儿，那就是省电。"阿里云能耗宝负责人周文闻笑着说道。从清华大学毕业后，周文闻就进入了能源电力行业。后来，他正式加入阿里云并组建了自己的研发团队。2022年，面向众多中小企业的能耗管理工具"能耗宝"正式对外发布。企业在接入能耗宝后，就可以对本企业今日用电、本月用电等各项信息进行统计。同时，能耗宝还可以通过自学习节能控制算法，帮助企业实现节能减排。目前，接入能耗宝的中小企业每年总共能节省4.3亿度煤电，相当于减少44万吨碳排放。对此，我们不禁好奇，数字技术是如何助力绿色发展的呢？

技术科普

当前,数字技术主要从以下几个方面实现绿色发展:

第一,数字技术助力低碳经济。在数字技术的加持下,数字经济呈现出网络化、平台化的显著特点,使得商品和服务的交易更高效,减少不必要的资源和成本的浪费。例如,相比到线下实体店购物,网购平台让消费者在线上完成挑选商品、支付价款、售后保障等购物流程,免去了出行和奔波的成本。同时,快递运输业的发达意味着货物的运输效率更高了。出行次数的减少加上运输效率的提高,意味着全社会范围内使用交通工具的次数更少了,这节约了能源,也减少了碳和污染物的排放。

第二,数字技术实现节能生产。5G、物联网、云计算、人工智能等前沿技术应用在工业生产,有助于构建低碳、零碳、负碳的产业格局,进一步提高资源利用效率。正如上述故事中的能耗宝,帮助了大量企业科学管理生产用电,让每一度电都没有白白浪费,真正做到节能减排。

第三,数字技术推动绿色生活。例如,碳普惠是一个自愿性质的减排交易机制,主要面向中小企业和个人,可以看作是一个专门记录减排碳量的账本,这些减排量可以用于消费购物、享受公共服务等。正是在数字技术的帮助下,我们才能科学量化日常生活中的每一个节约行为的碳排放意义,从而鼓励和引导个人践行绿色环保的生活理念。

素养提升

2023年，中共中央、国务院印发《数字中国建设整体布局规划》，明确提出建设绿色智慧的数字生态文明，加快数字化绿色化协同转型，倡导绿色智慧生活方式。当前，数字技术作为我国实现"双碳"目标的重要载体，各个企业应当抓住机遇，加快推动企业数字化、绿色化融合发展。

当然，保护生态环境、助推绿色发展并非一朝一夕就能实现，这不仅需要政策的支持、企业的转型，还需要消费者的不断努力。对此，消费者也应当树立绿色消费理念，加强保护环境意识，养成绿色智慧的生活习惯，形成绿色智慧生活新风尚。

总之，从"要发展还是要环保"的选择题，变成"既发展经济，又保护环境、节约资源"的必答题，这背后既彰显了国家开辟绿色发展道路的政治智慧，又展现了数字技术赋能经济可持续长远发展的科技魅力。

83 企业哪些数据可以跨境流动？

数字故事

2022年7月21日，一条由国家互联网信息办公室作出的80.26亿元的巨额罚款信息震惊全国，并迅速登上了各大论坛的热搜。时间回到2021年6月10日，滴滴公司向美国提出上市申请，随后很快就成功在美国纽约证券交易所上市交易。但没过多久，国家互联网信息办公室、公安部、国家安全部等部门对滴滴公司开展网络安全审查。经查明，滴滴公司存在大量过度收集用户信息的违法事实，以及严重影响国家安全的数据处理活动。如此看来，滴滴公司承担这笔巨额罚款并不冤枉。那么，我们需要思考的是，企业哪些数据可以跨境流动呢？

技术科普

企业在生产经营的过程中，不可避免地会生产、收集、使用、加工、储存各种数据。由于企业经营发展的需求，这些数据的传输、加工、储存等环节有时候会超出一国的领土范围，即需要进行数据的跨境流动。数据作为新型生产要素，其流动对于经济发展、产业升级、科研合作具有重要意义。有报告显示，预计到2025年，全球数据流动对经济增长的贡献将会达到11万亿元美元。由此可见，数据跨境流动是我国提高对外开放水平、融入数字贸易时代的必然要求。

然而，数据跨境流动会带来数据安全问题，甚至会影响国家安全。具体来说，进行数据跨境流动的企业数据往往收集基数较大，并且具有很强的针对性和专业性。通过对海量的企业数据进行分析，能够得知企业所在社会环境的经济发展水平、人口分布规律、国家监管力度等信息，部分行业更是能够从中窥探出更为敏感的国家信息。例如，网约车数据会记录当地的地理特征、基础设施、军政用地等信息，医疗数据会反映一国的卫生健康水平、流行疾病分布乃至民族遗传基因等信息。

素养提升

根据《网络安全法》《数据安全法》等法律法规的规定，关键信息基础设施的运营者的重要数据出境需要进行安全评估。在此基础上，《数据出境安全评估办法》进一步规定，向境外提供重要数据的、关键信息基础设施运营者和处理100万人以上个人信息的数据处理者向境外提供个人信息的、自2021年1月1日起累计向境外提供10万人个人信息或者1万人敏感个人信息的数据处理者向境外提供个人信息的，需要向国家申报数据出境安全评估。

总之，数据跨境需要做好安全审查。如果企业数据涉及国家秘密、外交国防、生物安全、社会稳定等国家安全和发展利益的，那么需要依法进行安全评估。对此，不同领域有着相应的监管规范，比如针对汽车行业的《汽车数据安全管理若干规定（试行）》，针对金融行业的《会计师事务所从事中国内地企业境外上市审计业务暂行规定》等政策文件，都对数据跨境流动作出了细致的规范。

84 生成式人工智能可以帮企业干什么？

数字故事

2023年3月29日，钟薛高食品有限公司在上海年度新品发布会上，展示了Sa'Saa冰棍系列新品。此次新品发布，钟薛高一改"价格刺客"形象，Sa'Saa系列产品售价仅为3.5元，并有红豆冰、绿豆冰、可可冰、牛奶冰四种口味。这款新品冰棍最大的亮点，不是因为其口味有多么独特，也不是因为其包装有多么精巧，而是因为该系列冰棍从起名到口味再到设计，基本都是由生成式人工智能参与甚至主导完成的。这款新品让我们看到了生成式人工智能在助力企业经营发展上存在着巨大的潜力和空间。对此，我们不禁想要追问，生成式人工智能到底如何帮助企业呢？

技术科普

所谓的生成式人工智能，是指运用一定的算法和模型，整合大量的数据资源，然后根据使用者的具体需求创造出全新的文字、图像、视频、音频等内容的前沿技术。生成式人工智能对企业降本增效、业务转型等方面发挥着积极作用。

首先，体现在办公效率上。目前许多国内的办公软件都接入了智能分析模型，在协同办公的基础上，该模型为企业办公提供一键生成PPT、思维导图、表格制图等多个功能，有效提升办公效率。

其次，体现在数据处理上。企业在经营发展中会产生和储存大量的非结构化数据，比如文档、图表、视频、音频、聊天记录等各类格式的文件。对此，生成式人工智能先进的自然语言处理技术能够快速整理、分类分析非结构化数据中的关键信息，帮助企业更全面客观地了解经营状况。

最后，体现在人力资源上。生成式人工智能经过训练后，拥有强大的创造力，能够帮助企业节省部分人力成本。例如，电商客服可以使用客服机器人，从而减少人工客服的数量；游戏公司可以使用AI绘画软件，从而减少画师的数量等等。

素养提升

要想利用好生成式人工智能这一新兴技术，一方面，企业要充分了解本行业的核心竞争要素和未来发展前景，不能片面、盲目地追求智能化。实际上，生成式人工智能主要是对服务业、制造业当中的行政管理和智力创造环节产生影响，而对于农业、建筑业等劳动密集型行业来说，并不会带来太大的变化。另一方面，企业要提高智能适应水平和能力，其中的核心就在于"学会提问"。在大模型时代，只有学会了如何提出问题，才能更好地解决问题。为此，企业要注重提升员工的数字素养能力。

当然，企业也要全面认识生成式人工智能，充分认识到生成式人工智能可能会存在捏造虚假信息、制造不良内容等问题。2023年7月，国家互联网信息办公室等七部门联合发布了《生成式人工智能服务管理暂行办法》，明确规定使用生成式人工智能要遵守商业道德，尊重知识产权，不得实施垄断和不正当竞争行为，不得损害公共利益。总之，生成式人工智能对现代企业具有重要意义，是助力企业科学经营、长远发展的"技术合伙人"。

第七编

数字安全

85 刷脸时代，如何保护我们的脸？

数字故事

2019年4月，郭某与妻子在某市的野生动物世界花了1360元办理了双人年卡。当时的入园方式是通过指纹识别和刷年卡，因此他们留存了自己的个人信息，录入了指纹并进行了拍照。同年10月17日，郭某收到园区发来的短信。短信称入园方式由指纹识别升级为人脸识别。郭某随即到园区咨询相关工作人员，但是工作人员明确表示，必须要进行人脸识别认证，否则将无法正常入园，并要求郭某在园区进行人脸激活。此后，郭某要求退卡，园区方面表示拒绝。在双方无法达成一致的情况下，郭某决定向法院提起诉讼。该案作为我国"人脸识别第一案"，引起了社会对于人脸信息保护的广泛关注。

技术科普

人脸识别是指机器将图片或者视频中的人脸与数据库中的人脸进行对比，然后从中找出匹配的人脸图像，以此完成身份的识别和鉴定。在这一过程中，首先要进行人脸图像的收集和预处理。其次，需要对个人的人脸图像进行特征提取，比如眼距、脸型、眉毛位置等。最后，再将已经提取的面部特征数据与数据库中的参考模板进行比较，对该人脸信息进行匹配和核实，从而确认当前的人脸信息是否属于数据库中的某一个人。

在上述故事中，园区要求郭某进行人脸激活，就是希望郭某能够提供自己的人脸图像，以便郭某在日后入园游玩时进行人脸识别。而郭某拒绝提供人脸信息，就只能继续使用刷卡和指纹识别的方式进入动物园。对于园区来说，越多人使用人脸识别，就越有利于园区的日常管理，同时园区还能通过人脸信息分析出更多的内容。例如，对比游客入园前后的表情神态，就能够大致推断出游客的游玩体验等。然而，超出必要限度地收集人脸信息，可能会侵犯到个人的隐私信息。

素养提升

目前，人脸识别技术被广泛用于小区门禁、上班考勤、账户登录等各个场景。通过人脸识别技术，不仅能有效节约人工成本，提高工作效率，还能精准识别入侵者或者在逃人员。在

2017年的青岛啤酒节上,警方就通过人脸识别系统识别并抓获了25名逃犯。与此同时,人脸识别技术也存在着黑客攻击、信息泄露等风险。实践中,人脸信息一旦泄露,可能会引发电信诈骗等严重后果。例如,不法分子通过深度合成技术,在视频通话中将受害人亲友的脸合成到自己的脸上,使得受害人难以分辨真假,在取得其信任后实施诈骗。

  对于普通用户来说,要提高保护人脸信息的安全意识,在非必要或者不安全的场景下不要录入人脸信息。对于个人信息处理者来说,需要遵守《民法典》《个人信息保护法》等法律法规的规定,遵循合法、正当、必要和诚信的原则来处理人脸信息。考虑到人脸信息保护的重要性,2021年8月1日起施行的《最高人民法院关于审理使用人脸识别技术处理个人信息相关民事案件适用法律若干问题的规定》,专门就人脸识别技术进行法律规制,为人脸信息提供了全面的司法保护。

86 个性化推荐可以关闭吗？

数字故事

小雨是某高校法学院的大学生，在使用某知名社交平台期间，她常常会为该平台不定期推送的个性化广告而感到困扰。对此，小雨希望能彻底关闭该平台的个性化广告推荐功能。然而，小雨发现，该平台在关闭个性化广告推荐的设置上，仅为用户提供关闭六个月的选项，时间届满后将自动恢复个性化广告的推送。对此，小雨认为自身权益受到侵犯，于是将该社交平台的开发运营方诉至法院。随后，在法院调解下，小雨和社交平台开发运营方达成庭外和解协议。平台取消了个性化广告推荐的自动恢复设置。相信小雨的经历并非个例，面对各种不请自来的个性化广告，用户有权选择关闭吗？

> **技术科普**

当我们和朋友同时打开同一个购物网站，映入眼帘的却是不同的首页。为什么时间相同，平台相同，但两个人首页推送的商品和服务却不同呢？网站又是如何知道我喜欢什么商品和服务的呢？其实，这是网站中的个性化推荐系统在发挥着作用。所谓的个性化推荐，是指电子商务平台根据消费者的搜索浏览、购买下单、售后评价等行为数据，来推测目标消费者的需求和偏好，推荐或者展示他们可能喜欢的商品或者服务。这一过程包括了数据输入、个性化推荐算法和推荐列表输出三个步骤。

首先，算法系统需要进行数据输入，主要包括用户的基本信息，比如姓名、年龄、职业和收入等，还有用户主动提供或者反馈给系统的信息，比如搜索关键词、商品评价等，以及系统收集到的用户信息，比如历史浏览信息等。其次，算法系统完成数据输入后，就可以在此基础上为个体消费者建立偏好模型，不同的消费者在不同的消费领域所建立的偏好模型也有所不同。最后，算法系统进行推荐列表输出，即根据偏好模型向消费者展示不同的商品或者服务。基于此，我们每个人便看到了由算法根据消费者的喜好推荐的不同商品或者服务。

素养提升

　　个性化推荐相较于传统的人工推荐存在许多优势。从用户角度来看，个性化推荐不仅有利于用户快速找到所需内容、提高检索效率，还可以帮助用户发现自身的消费兴趣爱好，让用户能够购买和享受到心仪的商品和服务。从经营者角度来看，个性化推荐系统可以帮助其筛选商品和服务，实现精准营销，提高经济收益。但是，网络服务提供者不能强制用户使用个性化推荐服务，用户对之享有彻底关闭的权利。

　　目前，虽然个性化推荐已经在消费、视频、新闻等多领域取得了较好的应用成果，但也需要遵循《个人信息保护法》《互联网信息服务算法推荐管理规定》等法律法规的规定。作为消费者，我们可以根据自身需求选择是否接受个性化推荐服务。如果发现网站或者平台存在强迫进行个性化推荐的行为，我们可以及时留存证据，通过与平台进行协商、向有关部门投诉或者向法院起诉等途径，维护自身的合法权益。

87 朋友圈晒娃也有风险？

> **数字故事**

一天晚上，正在加班的李先生收到一件快递。快递拆开后里面是一封打印信，但刚看几行，李先生就惊出了一身冷汗。原来，寄信人对他的成长经历、经济状况、家庭成员等信息了如指掌，甚至连李先生的两个孩子在哪里读书、将要参加夏令营的具体时间和地点都一清二楚。在信中，对方要挟李先生向其转账170万元，甚至"真诚"地透露本想直接绑架李先生的孩子。随后，李先生选择了报警，最终犯罪嫌疑人由某被抓获。由某表示，自己创业遭遇贷款困境，看到李先生朋友圈里经常出现豪车、豪宅以及晒娃照片，才出此下策。李先生怎么也没想到，朋友圈晒娃竟给自己和孩子招致如此大的风险。

技术科普

近年来,因泄露个人敏感信息而引发的各类犯罪案件屡见不鲜。让很多人没想到的是,微信朋友圈也是个人信息泄露的"重灾区"。在微信朋友圈刚兴起时,很多用户会在朋友圈里分享自己的生活片段或者有价值的信息。通过留言、点赞等功能,朋友圈让不能经常见面的人能够互相了解对方的近况,成为人们增进了解和加强沟通的网络途径。而对于不少人来说,发朋友圈、刷朋友圈已经成为了一种生活习惯。

然而,随着人际交往范围的扩大,部分微信用户的通讯录好友动辄成百上千人,这里面有自己所熟悉的亲戚、同学、朋友、同事等,也有很多自己并不熟悉、甚至没有见过面的人。久而久之,朋友圈里除了"朋友",还可能潜藏着不少"敌人"。此时,用户通过朋友圈透露的个人信息,很可能会成为不法分子实施违法犯罪行为的情报来源。

素养提升

身处网络时代,在社交平台上分享日常不失为生活的"小美好"。但在分享之时,需要谨记安全第一,对自己和家人的个人信息安全留个心眼。对此,我们可以从以下几个方面做起。

首先,不要晒含有个人信息的火车票、飞机票、登机牌等票证。即使对这些票据进行了模糊处理,也存在着被人利用高科技窃取个人信息的可能。其次，不要晒物业卡、车牌等信息。这些信息能够让其他人推断得知你的家庭地址、财产状况等敏感信息。再次，不要晒旅游计划和定位信息。这些信息能让不法分子轻松地知道你的具体位置，从而使其作案成功率直线飙升。最后，不要晒家庭成员的照片、姓名等，以免不法分子凭借这些信息实施绑架、勒索等行为。此外，对于经常发朋友圈展现自己的微信用户而言，不妨限制分享范围，以分组的形式仅分享给自己信任的微信好友，这样既能传递美好，也能保护好自己与家人。

　　总之，我们在网络上分享日常的同时，需要时刻关注隐私安全问题。不要让朋友圈记录的美好故事，演变为被不法分子伤害的悲剧事故。

88 微信群主该怎么当？

数字故事

2016 年 12 月 12 日，沈阳青年吴某用微信建了一个好友群。如此稀松平常的一件事，最终却让吴某遭受了牢狱之灾。原来，经众多好友推荐，吴某的群逐渐发展壮大，成为拥有一百余人的微信群。一开始，吴某还经常会对群员的发言进行管理，后面就彻底放任不管了。群里有一个成员马某，每天都会在群里发布淫秽色情信息，并向群员收取费用。对此，群主吴某为了扩大微信群的影响力，故意选择视而不见。截至案发时，该微信群一共有 100 多条淫秽色情视频。警方在接到举报后将马某抓捕归案，群主吴某也被依法刑事拘留。经法院审判，吴某构成传播淫秽物品罪，为自己的不作为付出了惨痛的代价。

技术科普

微信作为一种现代通讯工具,在我们的日常生活中发挥着重要作用,让人们随时随地都可以通过文字、语音、视频等方式进行交流,加强了人与人之间的沟通。微信群聊也成为了人们信息交换的重要网络公共场所,因为简单易操作,使用门槛低,而且具有一定的封闭性和私密性,深受广大微信用户的喜爱。与此同时,由于微信群聊的内容缺乏平台审核,容易成为谣言传播、电信诈骗、网络暴力、传播淫秽色情等违法犯罪行为的高发地。因此,群主需要负担相应的管理职责。

我们可以把微信群看作是一个朋友之间的聚会组织,组织聚会的人需要承担起相应的管理义务。因为正是组织者的组织行为,才为各种风险的现实发生提供了可能,故此,组织者理当承担相应的职责。此外,微信群主的身份与普通群员也存在区别,只有群主有权邀请或踢出微信群中的群员,而群员没有这种权限。从这个角度来看,群主也需要负担起更高的管理职责。

素养提升

网络不是法外之地,微信群聊也需要遵守法律法规。群员不得发送违反法律法规的信息内容,而群主则需要额外承担管理群员发言、维护群聊秩序的职责。对此,2017年10月8日开始实施的《互联网群组信息服务管理规定》规定,对于微信群、QQ群、微博群、贴吧群等互联网群组,建立者、管理者应当履行群组管理责任,规范群组网络行为和信息发布,实行"谁建群谁负责""谁管理谁负责"的原则。群组成员在参与群组信息交流时,也应当遵守相关法律法规,文明互动,理性表达。

因此,在日常生活中,我们要做到以下几点:第一,了解相应的法律法规,知晓群主的管理职责。第二,规范群聊行为,提高网络信息甄别敏锐度和辨别能力,一旦发现淫秽色情、暴力恐怖、谣言诈骗、传销赌博等违法违规信息,要及时制止,并提醒其他群成员不得二次传播,营造良好的群组网络环境。第三,加强对群成员管理,不邀请陌生人加入群聊。对于违反群发言规则的群员,可以采取警告、踢出群聊等措施。第四,对于临时性或者不经常使用的群,应当及时进行清理,避免被不法分子钻空子。

89 遇到网络暴力怎么办？

数字故事

"病床上的爷爷打开了我的录取通知书……"这是杭州女孩郑某于2022年7月22日发布的一篇关于爷爷的网络推文，谁也没想到，这开启了一场网络风暴。2022年7月13日，郑某收到了某大学研究生录取通知书，第一时间赶往医院，分享给躺在病床上与脑梗、心梗和肠癌搏斗的爷爷，她用照片记录下这一温情时刻，并通过某社交平台发布。然而，这本属于家人之间的温情一幕，就因为照片中郑某的粉色头发而引发了一场网络暴力。"染头发的是陪酒女""老少恋""网红拿病床上的爷爷炒作"等谣言迅速蔓延。郑某因此患上抑郁症，最终于2023年1月23日去世。对此，我们不禁想要追问，遇到网络暴力应该怎么办？

技术科普

网络暴力是一种网络用户在网络虚拟空间中实施的精神暴力行为，是现实精神暴力行为在网络世界的延伸，也是对在网络上发表具有诽谤、侮辱和煽动性质的言语、图片、视频等行为的总称。在现实生活中，人们在面对面交流时往往会有所顾忌，对于自己的言行举止多少会谨慎一点。而一旦到了网络上，不少人怀着法不责众的心理，躲在匿名 ID 后对他人随意进行语言攻击，将现实生活中的怒气在网络上加倍释放。

为什么会产生网络暴力呢？一是网络具有匿名性，使得网民的责任意识减弱，很容易非理性地表达自己的意见。二是网民的素质参差不齐，难以保证每个人都文明上网，许多网络留言完全是个人情绪的宣泄。三是网络信息真假难辨，许多网民会轻信一些虚假的匿名爆料，进而对被爆料人进行人身攻击。四是网络平台管理制度不完善，对于网络不文明言论，平台通常不会主动管理，而投诉机制又不够及时与准确，遭受网络暴力的人要维权往往需要耗费大量时间、精力与金钱。

素养提升

网络不是法外之地，任何采用侮辱、诽谤等方式损害他人名誉的行为都会受到民法、刑法、行政法等各个法律领域的规制。

2023年9月,"两高一部"联合发布《关于依法惩治网络暴力违法犯罪的指导意见》,针对网络暴力的不同行为方式,分别以诽谤罪、侮辱罪、侵犯公民个人信息罪等罪名定罪处罚。与此同时,《民法典》也明确自然人的名誉权、隐私权等人格权益受法律保护。

  日常生活中,如果我们遭遇网络暴力,应当先通过屏幕截图、录屏等方式固定证据。在此基础上,我们可以直接联系侵权方,要求删除那些人身攻击的言论和内容,也可以向平台进行投诉与举报。如果侵权行为比较严重,还可以向法院提起诉讼,或者向公安机关报案。当然,法律终究只是外部约束,要杜绝网络暴力,关键在于养成文明上网的习惯。作为普通网民,我们应当有序参与网络生活,既要坚决抵制网络暴力,不做施暴者,又要在遇到网络暴力时,勇于拿起法律武器维护自己的合法权益。

90 通讯录好友属于隐私吗？

数字故事

2019年3月，某高校的法学博士小明，向北京互联网法院起诉了某短视频公司。原来，小明认为该软件在没有经过其同意的情况下，存在过度读取手机通讯录的行为。据了解，小明的手机除本人外没有其他联系人，在2019年2月9日以前，他也从来没有在这款软件上注册和上传过任何信息。然而，他在使用这款软件后被推荐大量"可能认识的人"，大部分都是他的微信好友。最让小明难以接受的是，推荐的好友中居然还有其前任女友，这让小明深感隐私被侵犯。那么，我们手机通讯录中的好友信息属于隐私吗？这种未经允许的读取并推荐好友的行为又是否合法呢？

> **技术科普**

以本案为例，各大软件对用户手机通讯录信息的处理，通常包括三个阶段。第一阶段，是在2019年2月9日前，小明尚未注册和使用抖音时，抖音通过获取其他用户的授权，储存了其他用户的手机通讯录，这里面就包含了小明的姓名与手机号码。第二阶段，是2019年2月9日，小明使用自己的手机号码注册抖音，抖音收集并存储了该号码。第三阶段，抖音将前两个阶段中收集到的手机号码进行匹配，进而向小明推荐其可能认识的人。但抖音在隐私政策中仅告知会读取小明通讯录后并向其进行好友推荐，并未告知会从他人通讯录收集小明手机号码并向其推荐好友。

隐私权是自然人享有的非常重要的人格权。我国《民法典》明确规定，自然人享有隐私权，包括"私人生活安宁"和"不愿为他人知晓的私密空间、私密活动、私密信息"。对于什么是隐私，需要考量社会一般合理认知以及有无采取相应保密措施等因素进行综合判断。以通讯录好友信息为例，法院一般认为如下两种情形承载着自然人的隐私。一是好友关系本身比较私密，不愿意透露为他人所知晓。二是好友关系一旦被公开，可能会遭到他人对其人格的不当评价而不愿为他人知晓。

素养提升

根据《民法典》《个人信息保护法》等法律法规，个人信息的收集应当遵守最小够用原则。例如，对于国家反诈中心APP来说，读取手机通讯录是必要的，用以拦截诈骗电话与短信。而对于视频软件、导航软件而言，收集通讯录就显得没有那么必要了。如果视频软件、导航软件强制要求用户进行手机通讯录授权，那么该软件的行为就违反了法律的规定，侵害了消费者的合法权益。

用户在使用软件时应注意防止隐私和个人信息被非法读取。一是软件的隐私政策中必须明确告知用户收集个人信息的目的和类型。二是原则上必须取得用户的明确同意，不得采用默认同意的方式。三是收集的信息必须是用于提供服务的必要信息。如果发现软件违反了以上三点要求，那我们的隐私和个人信息极有可能受到了侵犯。对此，我们应当立刻提高警惕，及时联系软件的运营方，也可以向法院提起诉讼，拿起法律武器维护自身的合法权益。

91 翻墙上网合法吗？

数字故事

2019年1月，广东公共信息网络安全监察大队开出了一张处罚决定书。根据行政处罚决定书上的信息，韶关市一位网民因"擅自建立、使用非法定信道进行国际联网"，被"处以警告并处罚款壹仟元"。这是全国首例网民因"翻墙"而被处罚的案件。在本案中，30岁的朱某自2018年8月至12月使用自己的手机安装"翻墙"软件APP，连接自己的宽带进行"翻墙"，浏览外国网站，其最近一周的登录次数为487次，因此被罚款1000元。事实上，在我们的日常生活中，有不少人使用过"翻墙"软件浏览外网，那么这种"翻墙"行为合法吗？

技术科普

所谓"翻墙",是指通过虚拟专用网络(VPN)技术规避国家网络监督,突破中国国家防火墙,非法访问被国家禁止的境外网站的行为。简单点说,只要通过 VPN 软件访问了被国家禁止的境外网站就属于"翻墙"行为。例如,用户主动通过"翻墙"工具,去使用一些境外软件,比如推特、油管等,或者是使用一些内置"翻墙"加速功能的修改版软件、浏览器,以及使用游戏加速器登录一些游戏的国际服,又或者是利用 VPN 下载涉黄、不健康软件,这些都属于"翻墙"行为。

"翻墙"行为看似平常,却暗藏着巨大的风险。一旦这些加密程度高、隐蔽性强的"翻墙"工具被不法分子所利用,不仅个人的人身财产安全无法得到保障,甚至还可能威胁到国家安全。与此同时,用户如果长期"翻墙"浏览暴力、色情、反动、虚假等有害信息,自身的隐私和个人信息很容易遭到泄露,非常容易被不法分子利用,进而被引诱参与网络赌博、非法借贷、吸毒嫖娼等违法行为,或者受到反动思想的渗透蛊惑。

素养提升

很多人认为，只要自己没有提供"翻墙"服务，没有利用"翻墙"盈利或者发表不当言论，"翻墙"行为就不违法。然而，这种观念是错误的。根据《中华人民共和国计算机信息网络国际联网管理暂行规定》规定，"翻墙"行为属于违法行为，一经查处，轻者要受行政处罚，由公安机关责令停止联网，给予警告，并处15000元以下的罚款，有违法所得的没收违法所得，重者甚至会触犯刑法，承担刑事责任。

对于"翻墙"行为，我们应当经常自查，重点查看手机、电脑软件中有无"翻墙"软件或者境外APP、系统的VPN设置有无账号信息、浏览记录有无不健康内容、游戏外挂有没有登录外服、邮箱内容有无注册域外账号信息等，避免有意或者无意的"翻墙"行为。对于确实需要接入外网的个人和单位，可以通过合法方式向有关部门进行备案，选择中国移动、中国联通、中国电信等有资质的接入机构，合法进行国际联网。总之，网络不是法外之地，私自"翻墙"上网属于违法行为，切莫因为一时好奇而后悔终生。

92 浏览不良网站有哪些风险？

数字故事

有一天，小柳在浏览网站时，误触了广告，而弹出的新网页赫然显示着警告信息，他不以为意，点击了"继续访问"。由此，小柳打开了深渊的大门。原来这个网站是一个黄色网站，里面有大量淫秽色情、暴力犯罪的内容。这对于处于青春期的小柳来说，有着致命的诱惑。从那以后，小柳经常沉溺于各种色情小说和淫秽视频。在某一天晚上，父母都不在家，小柳看了黄色小说之后，难以把控自己。于是小柳以需要辅导作业为由，将一位女同学诱骗到家里来，并对其实施性骚扰。在女同学严词拒绝后，小柳对其实施暴力，最终女同学因暴力行为不幸身亡。事发后，小柳顿生悔意，但等待他的将是法律无情的制裁。

技术科普

不良网站是指所载内容违反法律、道德或者破坏信息安全的网站,如淫秽色情网站、买卖管制品网站、暴力犯罪网站等。浏览不良网站的风险不容忽视。一方面,浏览不良网站会给青少年的身心健康带来严重危害。青少年正处于世界观、人生观、价值观形成的关键时期,不良网站中的色情、血腥等违法违规的内容,会对其三观的形成产生负面影响。另一方面,浏览不良网站容易造成隐私和个人信息的泄露,威胁我们自身和家人的人身以及财产安全。

现实生活中,不良网站常常会通过提供免费高清资源、绝版资源等宣传口号,诱导用户提供手机号码或者短信验证码,进而套取用户的个人信息。在此基础上,不法分子常常以用户浏览过不良网站为由进行敲诈勒索,或者实施其他违法犯罪行为。此外,有的不法分子还可以通过不良网站直接入侵用户的手机设备,窃取银行卡账户密码、身份证号码等重要信息,又或者是对手机支付密码进行修改,给用户造成财产损失。

素养提升

不良网站的危害显而易见，但只要我们能够健康文明上网，不良网站就难以对我们造成危害。首先，在使用浏览器时，可以开启网页智能保护模式，自动过滤广告和不良网站，避免误触。

其次，当浏览器安全中心提示所点击的网站疑似含有不良、违规内容时，应当及时关闭网站，也可以对其进行举报。我们可以搜索"中国扫黄打非网"，在其网站主页面就可以选择对淫秽色情信息、盗版侵权、假记者站等进行举报。我们还可以通过"扫黄打非"微信公众号，或者拨打电话12390进行举报。

最后，广大网民应当树立健康文明上网的理念，减少网络沉迷，自觉抵制不良网站的诱惑。对于未成年人来说，家长可以设置"青少年模式"，减少未成年接触不良网站的机会，同时也要注重引导和陪伴未成年人。

93 频繁接到骚扰电话怎么办？

数字故事

2021年，浙江宁波的王女士购置了一套新房。本来买房是一件喜事，却让王女士产生了许多烦恼。原来，在她即将交房时，接到了一通陌生来电，对方自称是装修公司员工，向王女士推销询问是否需要装修服务。这通电话让王女士心中警铃大作，因为她发现对方不仅知道自己的姓名、电话号码，而且对她所购买的房产的情况也了如指掌。王女士认为，如果不是自己的个人信息遭到了泄露，对方是绝不可能会如此详尽地了解自己的情况。后来一打听，王女士发现，小区有多名业主都曾经遭到过本地装修公司的电话骚扰。那么，面对接二连三的骚扰电话，我们究竟应该怎么办呢？

技术科普

我们之所以会频繁接到各种骚扰电话，主要原因是个人信息遭到了泄露。日常生活中，每一处需要收集和使用个人信息的地方，都有可能发生个人信息的泄露或者买卖。例如，在房地产交易市场中，买卖个人信息已经形成了一条成熟的产业链。在我们看房子时，房地产公司通常会收集我们的手机号码。此时，我们的个人信息就已经进入到信息买卖的产业链中去了。如果我们成功购买房屋，房地产公司则会收集更多个人信息，包括姓名、地址、身份号码、所在楼栋等。

房地产公司在掌握大量的个人信息后，可以将这些个人信息出售给装修公司、信贷公司、家电销售公司等，以便他们向业主推销商品和服务。根据业内人士曝光，每条个人信息的销售价格大概是0.1元至0.5元，优质用户的电话号码也可能卖到每个1元。在买卖个人信息后，这些公司通常会雇佣销售人员或者通过AI群呼语音系统向业主拨打骚扰电话。

素养提升

当今社会，电信骚扰的情况可谓屡见不鲜。为了治理这种乱象，《个人信息保护法》规定了个人信息处理者对于个人信息全生命周期的保护义务，违法违规处理个人信息的企业将会面临警告、责令整改、罚款、吊销营业执照的处罚，相关责任人也将面临罚款。此外,《中华人民共和国刑法》还专门规定了侵犯公民个人信息罪,出售、购买、窃取公民个人信息的行为触犯刑法的,将处以三年以下有期徒刑,情节特别严重的最高可处七年有期徒刑。一旦发现个人信息遭到泄露或者倒卖,可以向工商行政部门、消费者协会、互联网管理部门等举报,也可以向公安机关报案。

除此之外,我们还可以开启手机的骚扰拦截功能。移动用户可以通过拨打电话10086、发送短信给10086999、发送邮件给10086666@china-mobile.com的方式进行举报。电信用户可以编辑短信"被举报号码"+"*"+"举报内容",发送至10000999。联通用户可以编辑短信内容"ljdxjb"+"被举报号码"+"举报内容",发送到10010。此外,我们还可以通过拨打12321网络不良与垃圾短信举报受理中心进行举报。总之,我们一定要重视对个人信息的保护,以免坑蒙拐骗乘虚而入,导致我们账户中的钱财不翼而飞。

94 如何识破电信网络诈骗?

数字故事

2022年5月,家住湖北的郜某在微信群内看到一条信息以及一个二维码。郜某联系客服后,在客服的诱导下下载了一个刷单APP,然后在APP内联系上了"接待员",并跟着指引做刷单任务。最初,郜某完成评论任务后确实得到了20元佣金的返利。见任务如此轻松又确实能够挣到钱,郜某便根据对方的提示,进入刷单APP内的任务大厅认购任务单。随后,郜某发现,认购任务单需要交纳相应的本金,交纳的金额越高,返还的佣金也就越高。在完成了5单小额任务并获得相应佣金后,郜某放松了警惕,开始认购金额更大的复合任务单。然而,当郜某按要求完成任务后却发现无法提现佣金,至此才意识到自己被骗。事后,郜某后悔莫及。

技术科普

电信网络诈骗是指以非法占有为目的，利用电信网络技术手段，通过远程、非接触等方式，诈骗公私财物的行为。我们在使用网络的过程中，随时可能遭遇形式多样的电信网络诈骗，包括刷单返利类、虚假网络投资理财类、虚假网络贷款类、冒充电商物流客服类、冒充公检法类、虚假征信类、虚假购物服务类、冒充领导熟人类、网络游戏产品虚假交易类、婚恋交友类等各种类型。

其中，刷单返利类是变种最多、变化最快的诈骗类型，也是当前电信网络诈骗的最主要形式。刷单返利类诈骗会先通过线上线下多种形式进行宣传，吸引潜在的受害人了解参与。在受害人刷单的最初阶段，诈骗分子通常会先支付几次小额佣金，等受害人放松警惕后，就会发布大额任务，要求受害人垫付大额保证金，并保证完成任务后返还。受害人一旦相信了这一虚假承诺，进行了大额资金垫付，就落入了电信网络诈骗的陷阱。

素养提升

相较于传统的诈骗犯罪，电信网络诈骗的诈骗方式更加多样，诈骗目标范围更广，诈骗话术更加复杂，因而普通老百姓十分容易受到电信网络诈骗风险的威胁。对此，2022年12月1日，我国首部反电信网络诈骗的专门立法《中华人民共和国反电信网络诈骗法》正式施行，为反电信网络诈骗工作提供了全方位的法律支撑，掀开了电信网络诈骗依法治理的新篇章。

为了远离电信网络诈骗，我们可以开启手机的骚扰拦截功能，自动拦截诈骗信息与短信。对于陌生号码，尤其是境外号码，尽量避免接听。在浏览网页时，我们可以开启网页智能保护模式，过滤诈骗信息。同时，对于各种"来钱快，门槛低"的致富捷径，我们一定要保持理性，要时刻提醒自己"天上不会掉馅饼"，不要抱着试一试的态度，高估自己的安全防范意识，切勿心存侥幸。如果我们不慎被骗，要保存好转账交易记录、聊天记录等相关证据，然后第一时间报警。总之，我们要时刻牢记捷径往往与危险和陷阱相伴，时刻捂紧我们的钱包。

95 什么是被遗忘权？

数字故事

从 2015 年 2 月初开始，任某发现在使用百度搜索自己名字的时候，会关联弹出"某氏教育任某""无锡某氏教育任某"等字样。由于"某氏教育"在业内的名声并不怎么好，任某认为这对自己的名誉造成了极大的损害。为此，任某曾多次发邮件给百度公司，要求其删除相关链接，也多次亲自从山东跑到百度公司所在地当面要求删除，但是百度公司仍没有删除或者采取其他限制措施。由于"某氏教育"的负面消息缠身，任某应聘多家公司都遭到拒绝。任某认为，自己现在已经与"某氏教育"没有任何关系，曾经与"某氏教育"合作的经历早就成为了过往，自己难道就没有"被遗忘"的权利吗？

技术科普

随着数字技术的出现,遗憾和记忆发生了反转,一切都可以借由网络永久保存。互联网强大的记忆能力在给人们带来便利的同时,也给部分人带来了困扰。在以往的日常生活中,如果我们说错了话或者做错了事,通常只会在特定的人和范围内流传,并且会随着时间流逝而逐渐被遗忘。但随着数字时代的到来,我们通过互联网发表的言论和实施的行为,都将会被永久保存。如此一来,过往的"黑历史"、尴尬瞬间就像刺青一样,刻在我们的"数字皮肤"上,永远无法擦除。

正是基于这样的背景,一些国家提出了"被遗忘权"的概念,试图保护人们数字时代下被遗忘的权利。所谓的被遗忘权,主要是指自然人享有的请求删除不相关的、过时的、不必要的个人信息的权利。对此,我们可以向对应的个人信息处理者提出删除申请。如果删除请求被认为是合理的,那么相关的内容就可以被删除,进而实现在网络世界被他人遗忘的目的。

素养提升

被遗忘权最早产生于欧洲。2014年,欧盟法院在"冈萨雷斯诉谷歌西班牙公司案"中正式确立了被遗忘权,裁定谷歌西班牙公司败诉,必须移除相关搜索链接。随后,谷歌方面执行了判决,并出台了在线申请程序,正式接受欧盟用户的被遗忘权申请。

在我国，被遗忘权更接近于个人信息权益中的删除权，即自然人拥有的删除网络上不相关的、过时的、不必要的个人信息的权利。对此，我国《民法典》《个人信息保护法》规定了中国版的"被遗忘权"，即删除权，通过赋予自然人删除个人信息的权利，来实现被遗忘的目的。对此，《民法典》第1037条规定，"自然人发现信息处理者违反法律、行政法规的规定或者双方的约定处理其个人信息的，有权请求信息处理者及时删除"。随后，《个人信息保护法》第47条进一步细化了删除权的规定。

作为数字社会的一员，如果我们在网络上发现有关个人的不相关的、不必要的、过时的信息，可以向相关的个人信息处理者提出删除申请，从而实现被网络社会遗忘的目的。如果个人信息处理者拒绝删除，那么可以通过向法院起诉的方式来维护自身的合法权益。

96 有必要安装杀毒软件吗?

数字故事

电脑界有一句笑话,"中国网民百分之五十的电脑问题可以通过安装杀毒软件来解决,剩下百分之五十可以通过卸载杀毒软件来解决"。买了新电脑,安装一个电脑管家或者某某助手似乎成了一种习惯,但是关于这类杀毒软件的争议,一直没有停止过。有人认为,最新的系统已经自带杀毒软件,而且电脑病毒肆虐的时代已经过去了,安装杀毒软件的意义不大,反而有可能受到软件内置广告的骚扰。但也有不少人认为,安装杀毒软件仍然是非常必要的,不仅可以防范电脑病毒,还能检测电脑性能,方便管理软件,免受流氓插件的骚扰。两边观点似乎都有道理,那么究竟还有没有必要安装杀毒软件呢?

> **技术科普**

　　杀毒软件,也称反病毒软件或者防毒软件,是用于消除电脑病毒、特洛伊木马和恶意软件的一类软件。杀毒软件最早的查杀方式是静态查杀,主要是杀毒软件公司通过各种途径获得电脑病毒样本,进而建成一个病毒特征库,杀毒软件通过对用户电脑上的文件进行检测,查看是否存在与特征库中的病毒相符的病毒,若相符则将其杀灭。

　　由于电脑病毒数量多、更新迭代快,对于未知的电脑病毒,单一的静态查杀方式难以奏效。对此,现在有主动防御、云查杀和AI查杀三种应对方式。第一,主动防御技术通过监视文件的运行行为,来综合判断该文件是否为电脑病毒。第二,云查杀是为了弥补主动防御技术的缺陷,将不确定是否为电脑病毒的文件上传至杀毒软件的服务器,当某一时间内大范围、多数量的同一文件被上传至同一服务器时,就可以对其是否为电脑病毒进行判断。第三,AI查杀是杀毒软件公司在已有的庞大的病毒特征库的基础之上,进行模型训练,从而查杀变种病毒。

素养提升

即使是一款优秀的杀毒软件也不能做到百分之百查杀电脑病毒，市面上常见的几款杀毒软件经测试后也被证明不能完全消灭电脑病毒，但我们不能因此就完全否认杀毒软件的作用。杀毒软件在查杀电脑病毒、保护电脑上仍然发挥着重要作用。

如果我们是对电脑的原理、性能不熟悉的新手用户，安装一个杀毒软件还是很有必要的。作为电脑"小白"，我们在使用电脑的时候，可能难以分辨哪些网站存在安全隐患，哪些链接是钓鱼陷阱，而杀毒软件可以辅助我们安全上网。但需要注意的一点是，杀毒软件安装一款就足够了，多款杀毒软件反而会相互排斥，不利于电脑的使用。

当然，即使安装了杀毒软件，也并不意味着万无一失，还需要我们平时使用电脑时养成良好的使用习惯。比如，对于重要资料应当在每次修改后上传至云端同步存储，或者存储至U盘。同时，不要打开来源不明的文件、网站或者程序，尽量通过官方渠道下载软件，更不要浏览不良网站。

97 免费Wi-Fi能放心连吗？

数字故事

某日，王先生由于有重要考试，需要缴纳报名费，但他直到晚上才想起这回事。当时天色已晚，去银行缴费来不及了，而当天又是报名的截止日期，于是他就打算使用手机银行支付费用。随后，王先生用蹭网软件蹭了一个免费Wi-Fi，登录网上银行缴纳了报名费，完成后他就去休息了。谁料第二天早上，他拿出手机一看，全是来自银行的短信，有取钱的和转账的，总计有3万多元的交易信息。在王先生报警后，警方调查发现在凌晨两点左右，王先生的银行卡被人分17次转账或者取现，共被盗走3.4万元。经警方分析，王先生登录的免费Wi-Fi，很有可能是不法分子设置的钓鱼陷阱。对此，我们不禁想要追问，免费Wi-Fi还能蹭吗？

技术科普

随着互联网技术的不断进步，我们日常生活中使用无线网络也越来越便捷，即使出门在外也有许多免费Wi-Fi提供，但是在其背后也隐藏着巨大的风险。免费Wi-Fi是怎样使我们步入陷阱的呢？常见的免费Wi-Fi骗局有以下几种。

一是窃取个人信息。骗子会先创建一个看起来正规的Wi-Fi，将名称改得与周围店铺相同或者类似，诱导路人连接。当我们连接上该免费公共Wi-Fi时，设备里的银行卡、微信、支付宝账户密码或者其他个人信息就可能被其恶意获取。二是收费陷阱。一些共享Wi-Fi名义上是免费的，但实际上隐藏了收费规定，一旦连接就会向用户收取高额的流量费用。三是恶意软件攻击。一些免费Wi-Fi会在我们连接后发送不明链接或者弹窗，通过植入恶意软件来窃取我们的个人信息或者控制我们的电子设备。

素养提升

我们应当如何防范公共场所的免费Wi-Fi所带来的风险呢？首先，如果我们要使用店铺提供的免费Wi-Fi，应当先向店铺工作人员核实确认Wi-Fi名称，避免不法分子搭建名称相同或者相近的Wi-Fi混淆视线。

其次，如果我们是在公共场所，尽量不要使用来源不明、没有密码的免费Wi-Fi，降低个人信息和隐私被窃取的风险。

再次，如果我们出门在外要使用移动支付手段，要尽量使用三大运营商的移动网络。在连接免费公共Wi-Fi时，不要输入银行卡、微信、支付宝等账户密码，也不要输入自己的其他个人信息，尽可能避免个人信息和重要数据被窃取。

最后，当我们不使用Wi-Fi的时候，可以选择关闭无线局域网，避免手机或者电脑自动连接没有密码的免费Wi-Fi。同时，我们也可以在手机内安装防护软件，在遇到风险时进行提示，提高手机的安全水平。

当然，不是所有的免费Wi-Fi都是陷阱，只是我们在享受免费Wi-Fi便捷的同时，要保持警惕，以防落入盗刷等诈骗陷阱之中。

98 网盘怎么用才安全？

数字故事

已经退休的王大爷平日里喜欢拍拍小视频记录自己的退休生活。某日，王大爷将自己制作的小视频上传到了社交平台，吸引了很多网友的关注。在体验到与网友互动的喜悦后，王大爷便将制作短视频作为自己最大的兴趣爱好。然而，随着小视频的不断录制和上传，王大爷的手机变得越来越卡。摸不着头脑的王大爷只好求助他的孙子小王，经过小王耐心地讲解，王大爷明白了导致手机变卡的原因是拍摄的视频越来越多，手机的内存不够用了。为此，小王帮忙注册了网盘账号，教会了王大爷如何将拍摄视频上传到网盘中进行保存。从那以后，王大爷的手机再也不卡了，他又可以自在地与网友分享日常了。

技术科普

王大爷用来保存视频的网盘，相信不少人都已经使用过了，但可能不知道的是，网盘作为存储工具其本身是云计算技术的一种应用。网盘的运行原理是，用户首先利用云计算技术将数据和文件存储在互联网上，之后在需要获取已上传的数据和文件时，再通过网络服务提供者的技术支持，下载已经上传的内容至本地设备。

有了网盘，用户无需再购买硬盘来存储数据。同时，用户还可以通过别人的分享，获得其他人上传到网盘的数据信息，从而大大提升获取信息的便利度。此外，在使用网盘进行存储之后，用户可以在任何时间、任何地方，通过任何可以上网的设备连接到云端，实现多设备之间的数据互联互通。

素养提升

网盘存储较之于一般的存储模式，提高了存储的效率，通过虚拟化技术解决了传统存储方式对于存储空间的浪费问题。网盘用户在登录自己的网盘账号后，只需要轻轻一点就可以将自己的资源制作成链接分享给好友，真正实现了资源的便捷高效利用。

在了解了网盘存储的优点之后，你是否又会对网盘储存的安全产生疑问？在用户将数据上传到云端后，上传的数据如果没有得到妥善保护，确实会存在被攻击的风险。为了应对可能出现的数据泄露问题，采取一定的保护措施是有必要的。一方面，对上传的数据进行加密，可以有效保护数据资源，降低其遭受网络攻击的概率。另一方面，选择信誉良好且技术可靠的网盘服务提供商是十分必要的，如果贪图便宜使用没有安全保障的网盘软件，一旦发生数据泄露的情况，可谓是得不偿失了。

同时，用户需要避免在不安全的网络环境下访问网盘，尽量使用熟悉的网络进行网盘资源的上传与下载，并且要注意网络钓鱼等网络攻击，不点击可疑链接、不下载不明来源的文件，以免被恶意软件攻击导致个人信息和隐私泄露。此外，用户应当依法使用网盘，不得利用网盘储存、上传和分享诸如暴力、反动、色情、侵权等违反法律法规的内容信息。

99 元宇宙中受到性骚扰怎么办？

数字故事

最近，一位名叫贝拉明的玩家表示在一款元宇宙游戏中遭受了性骚扰。在这款元宇宙游戏中，玩家通过佩戴相应的设备就能体验与现实世界几乎没有区别的活动，走路、眨眼、做口型等肢体动作都能在这款游戏中实现。在贝拉明扮演一位弓箭手击败敌人时，另一位男性玩家靠近了她，并做出肢体动作对她的角色进行猥亵。这种情况不是个例。国外一家研究公司曾经面向元宇宙游戏的用户进行了一次调查，结果显示，在被调查的600多名用户中，有49%的女性，以及36%的男性都经历过程度不一的隔空性骚扰。那么，在元宇宙中遭受性骚扰该怎么办呢？

> **技术科普**

近年来,随着科技的不断发展,元宇宙成为热门词汇。元宇宙一词,最早出现在美国的科幻小说《雪崩》中。简单来说,所谓的元宇宙,其实就是一个和现实紧密连接的虚拟世界,是将VR、AR、互联网、游戏、社交网络融合在一起而衍生的互联网形态。在元宇宙中,人们可以进行购物、交友、游戏、学习、工作等各种活动。

当前,元宇宙在许多领域都有应用。例如,在房地产行业,用户可以在元宇宙中自由行走,任意观看,沉浸式体验房屋设计,更好地选择自己喜欢的户型。在教育行业,元宇宙直播教育等新型教学模式,相比于普通的线上课程教育,有较强的临场感,师生之间的互动性更强,更利于实现沉浸式交互学习,打造一个良好的虚拟教学环境。

与此同时,元宇宙中的虚拟世界高度模拟物理世界,现实生活中的一些不文明或者侵权行为也可能出现在元宇宙中,如侮辱、诽谤甚至是性骚扰元宇宙中的游戏角色等。对此,需要法律进行相应的规制。

素养提升

元宇宙作为新兴的互联网形态，在带给玩家沉浸式体验的同时，也带来了伦理挑战与法律风险，如开头故事里面提到的性骚扰行为。

实践中，为了保护元宇宙中的游戏角色免受性骚扰，许多元宇宙游戏的运营者都开发了"个人边界"功能。玩家一旦开启此功能，游戏角色将被包裹在一个半径大约一米的安全罩中，其他人无法接触该游戏角色，也不能与其交谈或者进行任何方式的互动，直到玩家自己解除保护。"个人边界"功能的出现，让玩家能够更好地保护自己的游戏角色，避免遭受其他玩家的侵权行为。

目前，元宇宙中的游戏角色遭受性骚扰能否得到法律的救济还需要进一步明确。2021年，在广州中级人民法院审结的一起案件中，原被告在某游戏中发生矛盾，被告在微信群和游戏中多次侮辱原告创建的游戏角色。原告认为此行为损害了其名誉权，要求被告赔礼道歉和赔偿损失。最终，法院支持了原告的诉求。这一案件或许可以为元宇宙中的侵权行为提供参考。总之，元宇宙并非法外之地，玩家应当文明行为。

100 无人机拍摄有禁区吗？

数字故事

2022年11月，家住广州市某高层小区的李女士无意中发现，自家窗户外面有一架小型无人机正在盘旋，并且紧紧瞄准着主卧室的窗户，似乎在拍摄些什么。李女士感觉自己的隐私受到了侵犯，于是报了警。警方第一时间通过无人机信号源将嫌疑人控制，并在其笔记本电脑中发现了大量内容为该小区居民卧室情况的隐私照片。无独有偶，2017年7月，正在执行任务的桂林某部官兵发现营区训练场上空有一架陌生无人机正在飞行，随后官兵立即将操作无人机的三名男子控制。经调查，三名男子均为专业航拍公司的员工，在执行测绘任务时无意间闯入了军事禁区。官兵将三人所拍照片进行格式化删除后，对三人予以了警告惩戒。对此，我们不禁想要追问，无人机拍摄有哪些禁区？

技术科普

无人机分为航拍无人机、航测无人机、电力巡线无人机、警用无人机、植保无人机和察打一体无人机等，可以应用于军用、民用等各方面。在民用方面，无人机可以用于航空摄影、农药喷洒、气象探测、灾害监测、地质勘探、空中交通管制、物流快递等领域。由于无人机具有飞行成本相对较低、无人员伤亡风险、适应能力强、机动性能好、使用方便等优势，使得无人机在航空、交通、消防救援、农业、医疗等民用领域具有极为广阔的应用前景。

近年来，民用无人机市场发展迅猛，国内已经有约170家企业在进行民用无人机生产。原先"高大上"的无人机已然"飞入寻常百姓家"，普通人在网购平台花上两三千块钱就能买到一架性能优秀、摄像功能强大的无人机。越来越多的技术爱好者、摄影发烧友和专业公司，开始使用无人机来拍摄优美的风景和完成航拍摄影任务。就如现在人手一台手机那样，或许在不远的将来，也可能出现人手一架无人机的盛况。

素养提升

虽然无人机在日常生活中已经很常见了，但其使用并非没有任何限制。2024年1月1日正式施行的《无人驾驶航空器飞行管理暂行条例》强调，操纵轻型无人机和小型及以上的无人机需要分别取得协会或国家相关部门的"合格证"与"执照"。使用民用无人驾驶航空器从事经营性飞行活动，以及使用小型、中型、大型民用无人驾驶航空器从事非经营性飞行活动，应当依法购买保险。

与此同时，普通民众操纵微型无人机，需要避开野生保护区、人流密集区、机场、军事管制区等"限飞区"和"禁飞区"。市面上大多数民用无人机都内置了自我拦截系统，使无人机在特定区域内无法飞行。如果私自破解系统起飞甚至违法从事破解产业，将承担相应的法律责任。因此，当你想要购入一台无人机来进行拍摄等活动时，一定要确保已经取得了相应的资质，并且要熟知"限飞区""禁飞区"的大致范围和飞行要求，遵守相关的起飞制度，不要让无人机的自由飞翔夺走自己的自由未来。

后记

本书由中共重庆市委网信办与西南政法大学组织编写，重庆市互联网界联合会参与编著，系重庆市社会科学规划网信重点项目《全民数字素养通俗化普及研究》最终成果。谢红华、廖凯锋、李雨峰、李珈、张力、陈亮、黄忠、林郁、贾安东等同志，对本书的编写工作提出了许多宝贵意见，并为本书的出版提供了大量的帮助，一并表示感谢。

本书由郑志峰担任主编，由张伟莉、王茵担任副主编，其他参与本书起草和修改工作的成员有罗力铖、刘韦材、刘艺璇、李莉莎、袁梦、苏宇豪、刘学倩、冯四维、廖兴鑫、傅江湖等同志。参与本书插图绘制工作的成员有布志国、杨莫词、李易之、俞舒晴、伍彦熙、郑茹心、李函聪、陈好、任思耘、姚俊汝、王茵、杨晶元等同志。

由于编写时间仓促，加之数字素养相关书籍、权威资料较少，疏漏在所难免，恳请读者批评指正。

编　者

2024年3月